数字经济专业系列教材

数字创新

崔丽丽　孙源　田博　编著

电子工业出版社
Publishing House of Electronics Industry
北京·BEIJING

内 容 简 介

欢迎来到数字创新的世界！本书将引领您深入了解数字化如何重塑各行各业，揭示驱动创新的核心技术和思维方式，涵盖了金融科技变革、女性在数字领域的崛起、绿色创新，以及未来社会生活方式等方面的丰富案例。无论您是企业管理者、技术爱好者，还是渴望在数字时代抓住新机遇的职场人士，本书都将为您提供宝贵的行动指南。让我们一起开启数字创新的旅程，拥抱未来！

未经许可，不得以任何方式复制或抄袭本书之部分或全部内容。
版权所有，侵权必究。

图书在版编目（CIP）数据

数字创新 / 崔丽丽，孙源，田博编著. -- 北京：电子工业出版社，2025.6. --（数字经济专业系列教材）. -- ISBN 978-7-121-50473-0

Ⅰ. F273.1-39

中国国家版本馆CIP数据核字第2025PJ6967号

责任编辑：米俊萍　　　特约编辑：张启龙
印　　刷：山东华立印务有限公司
装　　订：山东华立印务有限公司
出版发行：电子工业出版社
　　　　　北京市海淀区万寿路173信箱　　邮编：100036
开　　本：787×1 092　1/16　印张：10.75　字数：269千字
版　　次：2025年6月第1版
印　　次：2025年6月第1次印刷
定　　价：59.00元

凡所购买电子工业出版社图书有缺损问题，请向购买书店调换。若书店售缺，请与本社发行部联系，联系及邮购电话：（010）88254888，88258888。
质量投诉请发邮件至zlts@phei.com.cn，盗版侵权举报请发邮件至dbqq@phei.com.cn。
本书咨询联系方式：（010）88254759，mijp@phei.com.cn。

数字经济专业系列教材专家委员会

（按姓氏笔画排名）

刘兰娟　安筱鹏　肖升生　汪寿阳　赵　琳
洪永淼　袁　媛　高红冰　蒋昌俊

前　言

我们正身处一个数字技术改变世界的时代，无论是中国的"数字中国"战略，还是欧盟的"数字欧洲"计划，世界众多国家/地区都在积极推进数字经济的发展。从智能手机普及到人工智能崛起，从云计算广泛应用到区块链悄然改变金融体系，数字创新已不再是未来的趋势，而是当下的现实。数字技术正在重塑各行各业，重新定义商业模式，甚至改变人类社会的运行方式。理解和掌握数字创新的本质与方法，已成为我们在新时代立足和发展的必备能力。

撰写《数字创新》这本书，正是为了帮助读者系统性地理解数字技术的核心逻辑，掌握数字创新的思维方式，并学会在实践中应用这些知识。作者以其深厚的学术功底和深刻的行业洞察，为读者呈现了一幅数字创新的全景图。本书不仅在理论层面，从数字创新的关键技术、思维培养到项目实现阶段、组织创新变革，帮助读者理解数字创新的多维度内涵与应用；还在实践层面，用具体的案例深入探讨数字创新在不同行业中的落地应用，帮助读者建立对数字创新的全面认知。本书的后半部分发散性地提到了伦理创新、绿色创新与女性创新，呼吁在追求技术进步的同时，关注其对社会的影响。

本书的写作初衷，是为读者提供一本既全面又深入的数字创新指南。无论是企业管理者、技术开发者，还是对数字时代充满好奇的学习者，都能从本书中找到有价值的内容。数字创新不是遥不可及的概念，而是每个人都可以参与并受益的实践。通过阅读本书，希望读者能掌握数字创新的核心逻辑，并在自己的领域找到创新的灵感与路径。

最后，感谢所有为本书提供支持和帮助的同事、学生和合作伙伴。本书定稿后已在作者所在的学校（上海财经大学）作为教材试用。数字创新的世界日新月异，本书将为其助力。期待与读者一起，共同探索数字时代的无限可能，拥抱创新，共创未来。

目 录

第1章 引言 ... 1
1.1 数字创新的背景 ... 1
1.2 数字创新的定义与概念 ... 3
1.3 数字创新在新兴行业发展中的价值与意义 ... 5
1.4 数字创新的本质 ... 8
1.5 数字创新的价值 ... 9
参考文献 ... 12

第2章 数字技术基础知识 ... 13
2.1 信息技术发展史 ... 13
2.2 数字技术的重要性 ... 14
2.3 数字技术的内涵及基本特征 ... 16
2.4 主要数字技术类型 ... 17
2.5 数字技术的应用场景 ... 27
2.6 未来数字技术的发展趋势 ... 33
案例：蚂蚁集团的区块链技术应用 ... 38
参考文献 ... 41

第3章 数字创新思维 ... 42
3.1 创新思维与方法 ... 42
3.2 设计思维与敏捷方法 ... 45
3.3 从需求到解决方案 ... 52
3.4 用户体验设计 ... 55
案例：抖音的数字创新思维与用户体验设计 ... 59
参考文献 ... 62

第4章 数字创新项目实践 ... 63
4.1 数字创新项目的流程 ... 63
4.2 数字创新项目的需求分析 ... 79
4.3 数字创新项目的团队协作 ... 80
4.4 数字创新项目的原型设计 ... 81
4.5 数字创新项目的实施与推广 ... 83
案例：某在线教育平台的数字化转型 ... 85
参考文献 ... 88

第 5 章　组织数字创新 ... 89
5.1　数字化战略指明企业转型的方向 ... 89
5.2　企业制定数字化战略的要点 ... 91
5.3　数字化战略对组织的影响 ... 93
5.4　数字平台 ... 96
5.5　数字平台的赋能 ... 103
案例：Airbnb ... 109
参考文献 ... 113

第 6 章　数字创新伦理与社会责任 ... 114
6.1　数字创新背景下伦理和社会责任的作用 ... 114
6.2　数字创新背景下的伦理框架与原则 ... 117
6.3　实施途径 ... 122
6.4　数字创新中的社会责任 ... 123
6.5　数字鸿沟与可持续发展 ... 124
案例：华为的数字创新与社会责任实践 ... 128
参考文献 ... 131

第 7 章　绿色创新 ... 132
7.1　绿色创新概述 ... 132
7.2　绿色创新的核心要素 ... 134
7.3　绿色创新的驱动力 ... 137
7.4　绿色创新的数字技术 ... 140
7.5　绿色创新的挑战与机遇 ... 141
7.6　绿色创新的应用领域 ... 144
案例：绿色物流企业的绿色创新之路——数字化转型的探索与挑战 ... 147
参考文献 ... 151

第 8 章　女性参与数字创新 ... 152
8.1　数字技术便利女性参与社会分工 ... 152
8.2　女性对于数字技术的善用 ... 153
8.3　女性在数字创新中的角色 ... 153
8.4　女性参与数字创新面临的挑战 ... 154
8.5　如何推动女性参与数字创新 ... 154
案例：冷静女士和"爱库存"的创立 ... 155
参考文献 ... 158

第 9 章　数字创新的未来展望 ... 159
9.1　数字技术前沿趋势 ... 159
9.2　数字创新的新机遇 ... 161
参考文献 ... 163

第1章

引言

1.1 数字创新的背景

数字创新是当今全球经济和社会发展的核心推动力之一。21世纪,随着信息技术的突飞猛进,数字经济逐渐成为各国经济增长的重要支柱。数字创新不仅加速了传统产业的转型,还为全球企业提供了全新的商业模式和竞争优势。为了理解数字创新的背景及其重要性,我们从技术进步、政策支持、市场需求变化,以及全球竞争等多个角度进行深入探讨。

1. 技术进步:数字化变革的基础

数字创新的核心动力源于信息技术的快速发展。自20世纪90年代以来,互联网的普及和信息技术的进步,尤其是人工智能、物联网、5G、大数据等新兴技术的发展,彻底改变了人们的工作、生活和沟通方式。

(1)互联网与云计算的普及

互联网是数字创新的基础设施。根据国际电信联盟(ITU)的数据,截至2023年年底,全球有超过60亿人能够接入互联网,网络覆盖的广度和深度大幅提升。随着5G网络的部署,数据传输速度和通信延迟显著改善,为高带宽应用(自动驾驶、远程医疗等)创造了可能性。云计算的广泛应用使企业能够以更低的成本进行数据存储和计算资源的获取,从而为数字创新提供更加灵活的技术支持。亚马逊、微软和谷歌等云服务巨头通过提供高效的计算和存储平台,使小型企业和初创公司也能迅速展开数字化创新业务。

(2)人工智能与大数据的崛起

数字创新还有一个关键技术驱动力是人工智能(AI)和大数据技术。机构和企业通过海量数据的分析,能够更加精准地预测市场趋势、优化供应链和提升用户体验。以金融行业为例,金融机构通过大数据分析实现了更加精准的风险评估和客户细分,进而推动了金融科技(FinTech)的蓬勃发展。人工智能技术的进步不仅使自动化流程更加智能化,还为各行业的创新提供了全新的可能性。例如,医疗领域的人工智能应用可以帮助医生实现更快、更准确的诊断;制造业中的人工智能应用能够优化生产流程,减少浪费并提高效率。

(3)物联网与5G的融合

物联网技术的逐步成熟使各类智能设备和传感器得以广泛应用,推动了智慧城市、智能制造、智能家居等领域的创新。根据麦肯锡全球研究院的分析,物联网应用的潜在经济影响到 2030 年可能达到 11 万亿美元。物联网与 5G 技术的融合加速了物联网的发展，通过低延迟、高带宽的网络支持，物联网设备可以实现更加快速的通信与数据共享，助力无人驾驶汽车、智能物流和远程手术等创新应用的落地。

2. 政策支持：数字创新的制度保障

数字创新的发展离不开政府和国际组织的政策支持。各国政府为了适应全球数字化转型的趋势，纷纷出台了相关政策与法规，积极推动数字经济的发展。

（1）中国的"数字中国"战略

中国作为全球数字经济发展的重要推动者之一，近年来加快了数字创新的步伐。根据《中国数字经济发展研究报告（2024 年）》，中国的数字经济总量已占国内生产总值（GDP）的 40% 以上。《"十四五"国家信息化规划》明确提出了"加快数字化发展、建设数字中国"的目标，旨在推动数字产业化和产业数字化转型。国家政策不仅在技术研发上给予了资金支持，还通过基础设施建设（5G 网络、物联网平台等）为数字创新创造了良好的环境。

（2）欧盟的"数字欧洲"计划

欧盟也在数字创新领域展开了大量的政策推动工作。"数字欧洲"计划是欧盟在数字技术领域的重要战略，旨在通过资金支持、技术研发和监管框架，为数字经济发展提供坚实保障。该计划覆盖了人工智能、网络安全、超算等多个关键技术领域，推动欧盟内部的数字一体化进程，增强其在全球数字经济中的竞争力。此外，欧盟的《通用数据保护条例》（GDPR）为全球数据隐私保护设立了标准，影响了全球范围内的数字创新政策制定。

（3）全球贸易与技术监管的协调

随着数字经济的全球化发展，跨境数据流动和国际技术合作成为新的挑战。世界贸易组织（WTO）和经济合作与发展组织（OECD）等国际组织正在积极推动全球数字贸易规则的制定，以确保数字经济的健康发展。在这一背景下，各国政府正在探索新的监管框架，以适应数字创新带来的挑战。例如，针对数字货币、数据隐私、人工智能伦理等问题，全球各国正加强合作，共同制定相应的国际规范。

3. 市场需求变化：消费者推动数字创新

数字创新不仅是技术进步的结果，消费者需求的变化也是推动数字创新的重要动力。在数字经济的背景下，消费者对在线服务、个性化产品，以及便捷的数字化体验提出了更高的要求。

（1）电子商务的兴起与发展

电子商务是数字创新最为显著的成果之一。随着互联网的普及和物流基础设施的完善，全球电子商务市场迅速扩张。根据 Statista 的统计，2023 年全球电子商务市场规模达到 6.3 万亿美元。消费者越来越依赖在线购物平台，从日常用品到高科技产品，电子商务正在改变传统的零售模式。为了应对激烈的市场竞争，许多电子商务平台通过大数据分析、人工智能推荐系统及无缝支付体验，提升了用户的购物体验，推动了电子商务的进一步发展。

（2）数字支付与金融科技的崛起

数字支付的快速发展是市场需求变化的直接反映。消费者对安全、便捷支付方式的需求促进了数字支付技术的革新。从支付宝、微信支付等电子钱包，到区块链技术支持的数字货币，全球金融体系正在发生深刻的变革。金融科技公司通过数字创新，重新定义了银行、支付和借贷等金融服务模式，使传统金融机构面临新的竞争压力。

（3）个性化与定制化消费的兴起

随着消费者需求的日益个性化，企业不得不通过数字化手段提供更加定制化的产品。通过大数据和人工智能技术，企业能够深入分析消费者的偏好、行为模式，从而进行精准营销和产品设计。例如，Netflix通过分析用户的观影历史，向其推荐个性化的电影和剧集，极大增强用户的黏性和提高用户满意度。个性化消费趋势的兴起进一步推动了数字创新在零售、娱乐和服务等领域的应用。

4. **全球竞争：创新已成为企业的生存之道**

数字化进程的加快使全球市场竞争变得更加激烈。在这一背景下，企业若要在激烈的市场竞争中占据优势，就必须依赖数字创新提升竞争力。

（1）商业模式的变革

数字创新推动了商业模式的变革。平台经济、共享经济等新型商业模式通过数字技术打破了传统产业的边界。例如，Uber（优步）和Airbnb（爱彼迎）通过数字平台连接供需双方，实现资源的高效配置，颠覆了传统出租车和酒店行业。企业通过数字创新不仅能够减少成本、提高效率，还可以通过数据驱动的商业模式获取新的利润增长点。

（2）全球供应链的数字化

全球供应链的数字化管理是企业在全球竞争中取得成功的重要因素之一。企业通过物联网、大数据和人工智能技术实现供应链的透明化、智能化，从而优化库存管理、提升供应链效率。例如，亚马逊通过智能仓储系统和预测算法，极大提高了物流效率，为其在全球市场的扩展奠定了坚实的基础。

（3）创新生态系统的形成

数字创新还有一大特征是创新生态系统的形成。企业、研究机构、政府和初创公司通过合作，共同推动数字技术的研发和应用。例如，硅谷是全球最具创新活力的数字技术生态系统之一，集聚了全球领先的科技公司、风险投资机构和顶尖人才。这种生态系统通过协同创新，不仅加速了技术的迭代，还促进了整个行业的共同进步。

数字创新是全球数字化转型、技术进步、政策支持、市场需求变化和全球竞争等多重因素共同作用推动的。随着技术的进一步成熟，数字创新的潜力将在各行各业更广泛地展现，成为推动全球经济增长的重要力量。

1.2 数字创新的定义与概念

数字创新（digital innovation）是一个多维度的概念，涉及技术、管理和经济等多个领域。从广义上讲，数字创新是指利用数字技术，对产品、服务、流程、组织形式和商业

数字创新

模式等方面进行的创新活动。它不仅是新技术的研发和应用，更是技术驱动下的系统性变革，旨在创造新的价值和提升竞争优势。

从技术角度来看，数字创新是信息技术、计算技术、通信技术和连接技术的综合应用。随着5G、人工智能、大数据、云计算、物联网和区块链等新兴技术的快速发展，企业和组织拥有了更加先进与多元的技术工具。这些技术的融合和应用，为数字创新提供了坚实的技术基础。例如，物联网技术的普及，使得设备和设备之间能够实现实时通信，数据的采集和传输变得更加便捷；云计算提供了强大的计算能力和存储空间，能支持大规模数据的处理和分析；人工智能则通过机器学习和深度学习等方法，从海量数据中提取有价值的信息，辅助决策和创新。

从管理学角度来看，数字创新是企业利用数字技术进行组织变革和流程优化的关键手段。传统的管理模式往往存在信息传递效率低、决策链条长等问题。数字技术的应用，使得信息可以在组织内部快速传递，管理层能够实时获取运营数据，做出更加快速和准确的决策。数字化的管理工具，如企业资源计划（ERP）、客户关系管理（CRM）和供应链管理（SCM）等系统，帮助企业优化内部流程，提高运营效率和协同能力。此外，数字技术支持远程协作和灵活办公，拓展了组织的空间和时间边界。

从经济学角度来看，数字创新通过提高生产效率、优化资源配置和创造新的商业模式，推动了经济的全面升级。数字经济的崛起，使传统的供需关系和价值创造方式发生了根本性的变化。以共享经济为例，通过数字平台的连接，闲置资源得以高效利用，创造了新的市场和就业机会。数字创新还促进了产业融合和跨界合作，形成了新的价值网络和生态系统。

在实践中，数字创新不仅表现为数字技术的应用，更体现为开放性和协作性的创新生态系统的构建。随着平台经济的发展，企业通过开放的数字平台，与供应商、合作伙伴、客户和其他利益相关者建立起紧密的协作关系，形成了共生共赢的创新生态。例如，开放的应用程序接口（API）和开发者社区，使第三方开发者能够为平台提供丰富的应用和服务，提升了平台的价值和用户体验。这种开放式创新模式，加速了技术和知识的传播，促进了整个行业的创新和发展。

数字创新强调以用户为中心的理念。通过数字技术，企业能够深入了解用户的需求和偏好，提供个性化和定制化的产品。大数据分析和人工智能的应用，使企业能够从用户的行为数据中挖掘出潜在的需求，预测市场趋势，提升市场竞争力。

此外，数字创新涉及社会和文化层面的问题。数字技术的普及，改变了人们的生活方式和社交方式，带来了新的文化现象和社会问题。如何在数字创新的过程中，尊重和保护文化多样性，促进社会的公平和包容，成为需要关注的重要议题。

根据中国信息通信研究院2021年发布的《中国数字经济发展报告2021》及国家发展改革委2022年发布的《"十四五"数字经济发展规划》解读，"数字创新是以新一代信息技术为核心驱动力，通过构建覆盖数据全生命周期（采集、传输、存储、处理、反馈）的技术闭环体系，破除跨层级、跨行业的数据壁垒，推动数据要素市场化配置，最终实现经济系统整体效率跃升和数字经济新型生态体系的构建。"阿里研究院认为："数字化转型的本质是，在数据+算法定义的世界中，以数据的自动流动化解复杂系统的不确定性，优化资源配置效率，构建企业新型竞争优势。"结合多方观点，本书将数字创新定义为综合运用信息、计算、沟通和连接技术，产生新产品、改善生产流程、改变组织结构，以及创立或改变商业模式等的创新过程。

这一定义涵盖了三个要素：首先是数字技术，它是信息、计算、沟通和连接技术的综合体，如大数据、云计算、区块链、物联网、人工智能、虚拟现实等；其次是创新产出，通常包括产品创新、流程创新、组织创新和商业模式创新等；最后是创新过程，与一般的创新过程不同之处在于，本定义强调了数字技术在创新过程中的应用。

基于数字技术在创新过程中的应用，我们认为：数字技术具有数据同质化和可重新编程的特点，这使创新的迭代速率呈指数级增长，也是数字创新自发性的表现；数字创新模糊了传统的组织边界、企业边界甚至产业边界，这彰显了数字创新的收敛性。数字创新不仅为企业带来了竞争优势，还为社会带来了广泛的影响。从经济角度看，数字创新促进了产业升级和数字经济的发展；从社会角度看，它改变了人们的生活方式，推动了智慧城市、智慧医疗等领域的快速发展。

1.3 数字创新在新兴行业发展中的价值与意义

随着信息技术的迅猛发展，数字创新已成为推动经济增长和社会变革的重要力量。特别是在新兴行业，数字创新不仅改变了传统的商业模式，还通过技术赋能促进了企业运营效率的提升、产品的改进，以及市场竞争力的增强。数字创新具有以下几个显著特点。

高效性：通过技术手段，企业可以提高生产效率，减少人力和时间成本。

灵活性：数字创新使企业能够快速地响应市场变化和消费者需求，并推动个性化服务的发展。

可扩展性：数字创新能支持企业迅速扩大业务规模，帮助新兴行业的企业快速成长。

跨界融合：数字创新打破了传统行业之间的界限，促进了多行业、多领域之间的协同创新和资源整合。

数字创新已渗透到各行各业，改变了传统的业务模式和运营方式，推动了各行业的发展和变革。以下探讨数字创新对不同行业产生的影响，展示其在各领域如何产生深远的影响。

1. 制造业：智能制造与工业 4.0

制造业作为传统行业的代表，在数字创新的推动下，进入了"智能制造"或"工业 4.0"时代。通过应用物联网、人工智能、云计算和大数据分析等技术，制造业实现了从传统的机械化、自动化到智能化、数字化的转型。

智能制造系统：通过传感器和物联网技术，制造企业能够实时监控生产线上的设备运行状态、原材料消耗、产品质量等，优化生产流程，减少停机时间和资源浪费。

预测性维护：通过大数据分析，制造企业可以预测设备故障时间，提前进行维护，避免意外停机和生产损失。

定制化生产：数字技术使制造企业能够根据客户的个性化需求进行小批量、多品种的柔性生产，提升了产品的竞争力。

2. 零售业：电子商务与个性化服务

零售业在数字创新的推动下，迎来了电子商务时代的繁荣，并通过大数据、人工智能等技术实现了精准营销和个性化服务。

电子商务平台：通过建立数字化购物平台，零售商可以打破地域限制，扩大消费者群体，实现线上线下融合。亚马逊、阿里巴巴等电商巨头通过数据分析和物流系统的优化，提供了便捷的购物体验。

个性化推荐：大数据和人工智能技术帮助零售商分析消费者行为，精准推送符合其偏好的产品，从而提升消费者满意度和销售额。亚马逊的推荐算法和 Netflix 的个性化内容推荐都是典型例子。

智能物流：物联网和大数据优化了物流系统，使产品能够更加高效、低成本地送达消费者。智能仓储、无人配送等新兴技术也进一步提升了物流效率。

3. 金融业：金融科技与智能投顾

金融业受益于数字创新，实现了金融科技的蓬勃发展。通过大数据、人工智能、区块链等技术，金融机构不仅提高了运营效率，还降低了风险管理成本，提升了客户体验。

数字支付：数字支付技术使资金流通变得更加高效和安全，支付宝、微信支付等移动支付平台在中国普及率极高，极大地推动了无现金社会的发展。

智能投顾：利用人工智能和大数据，金融机构可以为投资者提供个性化的投资建议和资产配置方案，降低了投资的门槛，提高了投资效率。智能投顾平台，如 Betterment 和 Wealthfront 在全球范围内受到投资者的青睐。

区块链：区块链为金融业提供了去中心化的交易平台，保证了交易的透明度和安全性。它在跨境支付、智能合约、供应链金融等领域发挥了重要作用。

4. 医疗健康业：数字医疗与远程诊疗

在医疗健康领域，数字创新通过技术的介入，提升了医疗服务的质量和效率，并为解决全球范围内的医疗资源分布不均问题提供了新思路。

远程医疗：通过互联网、物联网和大数据技术，医生可以为偏远地区的患者提供远程诊疗服务，减少了患者的时间和交通成本，提高了医疗资源的可及性。特别是在新冠疫情期间，远程医疗得到了广泛的应用。

智能诊断：人工智能技术的应用使医疗设备能够通过分析大量的医学影像和病历数据，辅助医生进行准确的诊断。IBM 的 Watson Health 和 Google 的 DeepMind Health 已经在肿瘤筛查和药物研发等领域取得了突破性进展。

个性化医疗：大数据和基因测序技术的结合，使个性化治疗成为可能。通过分析患者的基因组数据，医生可以制定个体化的治疗方案，从而提高治疗效果，减少副作用。

5. 教育行业：在线教育与个性化学习

教育行业借助数字创新迎来了重大变革，在线教育的兴起使得学习资源更加开放与公平。数字技术还促进了教育个性化、互动化和智能化的深入发展。

在线教育平台：通过互联网，教育机构可以为全球范围内的学生提供远程教学服务，MOOC（大型开放式网络课程）平台，如 Coursera、Udacity 等在全球广泛使用，打破了传统教育的地域限制。

个性化学习：大数据和人工智能能够根据学生的学习数据提供个性化的学习路径和反馈，帮助学生根据自身的学习进度和兴趣，优化学习效果。Knewton 和 DreamBox 等公司通过学习分析工具，推动了个性化教育的发展。

虚拟现实（VR）与增强现实（AR）：虚拟现实和增强现实技术为教育领域带来了沉浸式学习体验，特别是在科学、工程、医学等需要实际操作的课程中，这类技术极大地提升了学习的效果和学生的参与感。

6. 交通运输业：智能交通与自动驾驶

交通运输业因数字创新而得到了全面的优化和升级，智能交通系统和自动驾驶技术的出现，使交通出行变得更加智能、安全和高效。

智能交通系统：通过物联网和大数据技术，交通管理部门可以实时监控交通流量，优化红绿灯配时和路线规划，减少交通拥堵，提高通行效率。智能停车系统、智能收费系统等创新应用也改善了城市交通状况。

自动驾驶技术：自动驾驶技术是交通行业的革命性创新，谷歌、特斯拉等公司已经在该领域取得了显著进展。自动驾驶车辆通过传感器和人工智能系统感知周围环境，进行自动驾驶操作。自动驾驶技术降低了交通事故率，并为未来的无人驾驶交通系统奠定了基础。

7. 农业：精准农业与智能管理

农业作为最传统的行业之一，近年来在数字创新的推动下发生了重大变革，精准农业和智能管理技术帮助农民提高了生产效率和资源利用率。

精准农业：通过物联网、无人机、遥感技术等，农民可以实时监控农作物的生长状况、土壤湿度、气象数据等，并根据这些数据进行精准施肥、灌溉和病虫害防治。这些技术极大地减少了资源浪费，提升了农业产量。

农业机器人：农业机器人可以执行收割、种植、除草等任务，减少了劳动力成本，提高了生产效率。像农业机器人这样的自动化设备还可以在不适合人类操作的环境中工作，保障农业生产的连续性。

供应链透明化：区块链技术应用于农业领域，能够追溯食品的生产、加工和运输环节，确保食品安全和透明度，提高消费者的信任度。

8. 娱乐行业：数字娱乐与沉浸式体验

娱乐行业是数字创新的早期受益者之一，数字技术推动了娱乐内容的创作、传播和消费方式的变革，尤其是在数字化和沉浸式娱乐体验方面，数字技术带来了全新的用户体验。

流媒体平台：Netflix、Spotify等流媒体平台通过大数据分析和算法推荐，为用户提供个性化的内容推送服务，改变了传统媒体的分发模式，推动了订阅制模式的普及。

虚拟现实和增强现实：虚拟现实和增强现实技术为游戏、电影等娱乐内容带来了沉浸式体验，用户可以通过这些技术获得更加身临其境的互动感受。虚拟演唱会、虚拟博物馆等新形式的娱乐体验也因此应运而生。

电子竞技：电子竞技产业的蓬勃发展离不开数字创新的推动。云计算、大数据和高速互联网使全球玩家能够实时参与游戏和赛事，推动电子竞技成为主流娱乐形式之一。

9. 能源行业：智能电网与可再生能源管理

能源行业通过数字技术的引入实现了智能化管理，智能电网和可再生能源管理系统提高了能源利用效率，推动了绿色发展和可持续发展目标的实现。

智能电网：通过物联网和大数据技术，智能电网能够实时监控电力的生产、分配和消费情况，优化电力供应，提高能源利用效率，减少能源浪费。

可再生能源管理系统：随着风能、太阳能等可再生能源的应用，可再生能源管理系统可以通过大数据分析和人工智能技术，优化能源的生产与分配，确保能源的高效利用与可持续发展。

1.4 数字创新的本质

数字创新的本质在于信息、计算、通信和连接技术的有效结合，通过这些技术的综合应用，推动组织、产品、服务和市场模式的全面变革。数字创新的核心特点是其开放性、协作性和数据驱动性，它不仅是技术的应用，更是整个生态系统的协同合作。

信息流动的加速是数字创新的基础。数字技术的应用，使信息的获取、传递和处理速度大大加快。随着大数据技术的普及，企业可以实时获取市场和客户的信息，从而做出更加迅速和精准的决策。信息的透明化和共享化促进了市场的高效运作和公平竞争。

技术的融合性是数字创新的关键特征。数字创新并非依赖单一的技术，而是多种先进技术的融合和协同。例如，人工智能与物联网的结合，实现了智能设备的自动化和自我学习；区块链技术与物联网的结合，增强了数据的安全性和可信度；云计算与大数据的结合，提供了强大的数据存储和处理能力。这种技术的融合，拓展了数字创新的应用场景，提升了技术的价值和影响力。

平台化和生态系统的崛起是数字创新的重要表现。数字创新常常依赖平台经济的推动，通过平台，企业可以聚集各种资源，实现协同创新。以阿里巴巴和腾讯为例，其平台不仅是一个交易和服务的场所，更是一个开放的创新生态系统。通过平台的开放性和协作性，企业能够与外部的创新力量共同推进创新进程，形成多方共赢的局面。

数据驱动的决策过程是数字创新的核心。数据已经成为新的生产要素，企业通过对数据的收集、分析和应用，可以精准把握市场动向，优化产品。人工智能和大数据技术的结合，使企业能够进行智能化的决策，通过算法预测未来市场趋势，及时调整业务策略。这种数据驱动的方式，提升了企业的敏捷性和竞争力。

持续迭代和快速反应是数字创新的重要特征。数字技术的发展速度非常快，市场环境和消费者需求也在不断变化。企业需要具备快速迭代和敏捷响应的能力，通过持续的创新和优化，满足市场的需求，保持竞争优势。敏捷方法和精益创业的方法被广泛应用于数字创新的实践中。

数字创新的本质体现在以人为本的理念中。数字技术的最终目的是服务于人，提升人们的生活质量和工作效率。以用户为中心，通过数字技术的应用，创造出符合用户需求的产品，是数字创新成功的关键。数字创新的本质是多维度的，既包含技术的创新，又涉及组织和生态系统的变革。通过信息、计算、通信和连接技术的有效结合，企业和组织可以实现数据的收集、处理、分析和应用，推动业务流程的优化和创新产品的开发。数字创新的开放性和协作性促进了多方参与和共同创造，形成了一个充满活力的创新生态系统。理解数字创新的本质有助于我们更好地把握数字化转型的方向，推动经济和社会的可持续发展。

1.5 数字创新的价值

数字经济是基于数字技术的经济形态，它通过数据、信息、互联网和智能技术的应用，推动了生产方式、商业模式、社会管理和人们生活的全面革新。随着全球经济的数字化转型，数字经济在推动经济增长、提升社会效益和促进可持续发展等方面展现了巨大的价值。

1. 促进经济增长

数字经济为经济增长注入了新的动力。通过信息技术的广泛应用和互联网的高速发展，数字经济不仅推动了传统产业的升级，还催生了新兴产业，扩展了经济发展的新领域。通过数字技术的应用，企业可以优化生产流程，提高资源配置效率。例如，利用大数据分析，企业能够更加精准地预测市场需求，减少库存积压和资源浪费，从而提高整体生产效率。德国的"工业4.0"战略通过物联网和大数据技术，帮助制造企业优化生产线和供应链管理，实现了生产的智能化与自动化，大幅提升了德国制造业的全球竞争力。

数字经济催生了大量的新兴产业，如电子商务、金融科技、共享经济等。这些产业依托数字平台和互联网技术，创造了新的就业机会和财富增长点，推动了全球经济的持续发展。例如，中国的电子商务巨头阿里巴巴和京东等企业，通过数字平台和大数据分析技术，构建了覆盖全球的电子商务网络，推动了全球贸易的数字化和消费市场的增长。

2. 赋能企业转型

数字经济推动了传统企业的数字化转型，帮助企业提高运营效率、降低成本并创造新的业务模式。数字技术使企业能够实现自动化、智能化的运营，增强市场竞争力。数字工具和技术，如云计算、人工智能、大数据等，使企业能够更加高效地处理业务流程。例如，企业可以通过云计算平台实现数据共享和业务协同，降低了硬件成本和运营管理成本。亚马逊通过大规模应用云计算和数据分析技术，不仅优化了自己的供应链和仓储管理，还为全球企业提供了AWS（亚马逊网络服务），帮助中小企业实现了数字化转型，增强了其全球竞争力。

数字经济为企业创新业务模式提供了机会，如平台经济和订阅经济。平台型企业通过构建数字平台，连接供需两端，实现信息的快速传递和资源的高效匹配。例如，Uber和Airbnb通过数字平台将消费者与服务提供商直接连接，改变了传统的出行和住宿行业模式，形成了基于共享经济的新型商业模式。

3. 推动创新与技术进步

数字经济是技术创新的催化剂，通过推动人工智能、物联网、区块链等前沿技术的发展，带动了全社会的科技进步。这些技术不仅提升了企业生产力，还推动了新产品、新服务和新市场的产生。数字经济依托于技术的快速发展，通过大规模数据处理能力、算法优化和云端技术，推动了智能制造、智慧城市、无人驾驶等领域的突破性进展。例如，特斯拉的自动驾驶汽车通过人工智能和大数据的实时分析，推动了汽车行业的智能化转型，并带动了相关产业，如智能交通、能源管理等领域的技术进步。

| 数字创新

数字经济促进了前沿技术的商业化和产业化，使大数据、人工智能、区块链等技术不再局限于实验室研究，而是能够广泛应用于实际生产和生活中，带动了新兴行业的发展。例如，在医疗领域，IBM 的 Watson Health 通过人工智能技术处理海量医疗数据，辅助医生进行精准诊断和治疗，推动了医疗行业的数字化转型。

4. 促进社会包容与平等

数字经济通过互联网和信息技术的普及，使全球范围内的信息、资源和机会更加公平地分配，有助于促进社会包容与平等发展。数字化赋予了更多个体和地区参与经济活动的机会，减少了传统经济模式下的地理、资源限制。通过金融科学技术，数字经济使金融服务更加普及，降低了金融服务的门槛，尤其在发展中国家和欠发达地区，数字经济帮助个人和小微企业获得了更多的金融支持。例如，蚂蚁金服的"芝麻信用"通过大数据分析，构建了基于个人信用的数字化征信系统，使传统银行无法覆盖的群体能够获得贷款和其他金融服务，极大地推动了普惠金融的发展。

数字经济促进了教育资源的公平分配。通过在线教育平台，教育机构能够将优质的教育资源传播到全球各地，特别是欠发达地区的学生可以通过互联网获取顶级的教育资源，打破了传统教育的地域限制。例如，全球在线教育平台 Coursera 通过与世界顶尖大学合作，提供了大量免费的在线课程，推动了全球范围内的教育公平的发展。

5. 提升政府治理效率

数字经济不仅改变了企业的经营方式和个人的生活方式，还为政府提供了新的工具，提升了政府治理的效率和透明度。通过数字技术，政府能够更好地进行公共服务管理、社会安全保障和经济发展规划。通过物联网和大数据技术，政府可以实时监控城市的交通、能源、环境等数据，实现智能化管理和决策。例如，智慧交通系统可以优化城市交通流量，减少拥堵和污染。新加坡作为全球智慧城市的先行者，利用物联网技术建立了智能交通系统，通过实时数据监控和大数据分析，优化交通信号和公共交通线路，提升了城市的整体效率。

通过政府数字化平台，居民可以在线办理各类公共服务事项，如社保、医疗、税务等，不仅减少了行政成本，还提高了居民的满意度和政府的透明度。例如，爱沙尼亚共和国作为全球数字化程度较高的国家之一，全面推行了电子政府，居民可以通过在线平台处理几乎所有的政府事务，从报税到选举，实现了高效、便捷的公共服务。

6. 支持可持续发展

数字经济在推动经济发展的同时，也为可持续发展提供了技术支持。通过数字技术的应用，能源、环保、农业等行业得到了绿色转型，全球可以更好地应对气候变化和环境保护等挑战。通过大数据和物联网技术，智能电网和能源管理系统可以实时监控与调节能源的使用，减少能源的浪费，提升能源的利用效率。数字经济推动了新能源的广泛应用和智能化管理。例如，特斯拉的能源管理系统利用人工智能和大数据技术，优化了太阳能电池板和家用储能设备，推动了可再生能源在家庭和企业中的广泛应用。

数字技术在农业中的应用，使农业生产更加高效和环保。通过精准农业技术，农民可以优化水、肥料和能源的使用，减少了资源浪费和环境污染，提升了农业的可持续性。例如，中国的智慧农业项目通过物联网传感器和大数据分析，帮助农民实时监控土壤、水源和气候状况，实现了精准化种植和灌溉，推动了绿色农业的发展。

数字经济的价值不仅体现在促进经济增长、赋能企业转型、推动创新与技术进步等方面，还深刻影响了社会的各个层面，提升了社会包容性、政府治理效率和可持续发展能力。通过数字创新，全球各国都在积极探索数字经济的潜力，并在这一过程中创造了巨大的经济与社会价值。数字经济无疑是未来全球经济发展的重要引擎，它将继续塑造人类社会的发展方向，并为全球经济注入持续的增长动力。

参考文献

[1] 魏江,刘洋,等.数字创新[M].北京:机械工业出版社,2020.

[2] 李彤,贾小强,季献忠.企业数字化转型:技术驱动业财融合的实践指南[M].北京:人民邮电出版社,2021.

[3] 陈雪频.一本书读懂数字化转型[M].北京:机械工业出版社,2020.

[4] 王炜,高峰.银行数字化转型:方法与实践[M].北京:机械工业出版社,2022.

[5] 杨农,王建平,刘绪光.商业银行数字化转型:实践与策略[M].北京:清华大学出版社,2022.

第2章

数字技术基础知识

数字创新的实现离不开数字技术的支撑。数字技术不仅是推动行业变革的核心动力，也是企业转型升级的关键工具。从信息技术的发展到现代人工智能的崛起，数字技术不断演进，赋予了各行业新的生命力和发展机遇。在本章中，我们将深入探讨数字技术的基础知识，介绍信息技术发展史，数字技术的重要性、内涵及基本特征、类型、应用场景和发展趋势。数字技术不仅改变了传统的商业模式，也催生了全新的产业生态系统，为全球经济和社会发展注入了新的活力。

2.1 信息技术发展史

信息技术（IT）的发展历程与数字经济的崛起紧密相连。从最初的计算机诞生到今天的人工智能应用，信息技术的每一步演变都在不断推动数字经济的创新与变革。本节通过回顾信息技术的发展历程，重点突出其对数字经济的影响，并展望其未来发展趋势。

1. 计算机的起步（20世纪40年代至20世纪60年代）

计算机的历史可以追溯到20世纪40年代。1946年，ENIAC（电子数值积分计算机）问世，这台巨型机器标志着计算机时代的开端。尽管这台计算机体积庞大、操作复杂，但它的出现为后来的技术进步奠定了基础。20世纪50年代，晶体管的发明使计算机逐渐小型化。1956年，IBM推出了IBM 305 RAMAC，这是第一台使用硬盘的计算机，这台计算机使数据存储更加高效。20世纪60年代，随着集成电路技术的发展，计算机进入了一个全新的阶段，个人计算机的雏形逐渐显现。

2. 互联网的萌芽与发展（20世纪60年代至20世纪90年代）

互联网的概念起源于20世纪60年代的ARPANET（阿帕网），最初由美国国防部资助，旨在实现计算机之间的通信。随着网络协议（TCP/IP等）的发展，互联网逐渐走向大众。1973年，第一封电子邮件的发送标志着互联网应用的开始。20世纪80年代，随着个人计算机的普及，互联网开始进入家庭。1991年，万维网的发明让普通用户能够轻松访问互联网和分享信息。1995年，像亚马逊和eBay这样的电子商务平台相继成立，标志着数字经济的初步形成，商业活动逐渐向网络迁移。

3. 数字创新与经济转型（21 世纪 00 年代）

进入 21 世纪，信息技术的快速发展催生了数字创新。21 世纪 00 年代初，网络宽带的普及使数据传输速度大幅提升，用户的在线体验得到了极大改善。谷歌、Facebook 等科技巨头的崛起彻底改变了信息获取和社交的方式。2007 年，苹果公司推出第一代 iPhone，移动互联网的时代由此开启。智能手机的普及使用户能够随时随地访问互联网，推动了移动应用的快速发展。社交媒体的兴起不仅改变了人与人之间的交流方式，也为企业提供了新的营销渠道，数字经济开始全面爆发。

4. 大数据与人工智能的崛起（21 世纪 10 年代）

21 世纪 10 年代，数据的爆炸性增长为大数据和人工智能带来了广阔的应用前景。企业开始认识到数据的价值，通过数据分析和挖掘获取市场洞察。大数据技术的兴起，使企业能够处理海量数据，从而做出更具针对性的决策。同时，机器学习和深度学习技术的发展使人工智能应用逐渐成熟。企业通过人工智能技术实现个性化推荐和智能客服，极大提升了用户体验和运营效率。例如，Netflix 利用算法分析用户的观看习惯，向用户推荐相关影片，从而提高了用户黏性。

5. 数字经济的全景（21 世纪 20 年代）

进入 21 世纪 20 年代，数字经济已成为全球经济的重要组成部分。根据国际货币基金组织（IMF）的统计，数字经济在全球 GDP 中的比例逐年上升，推动着新兴产业的发展。企业通过数字化转型，不仅提升了运营效率，还促进了创新。例如，零售业通过线上线下融合的商业模式，极大提升了顾客体验。在新冠疫情期间，电商平台的崛起进一步推动了这一转型，许多传统零售商不得不迅速调整战略，适应新的市场环境。

6. 持续的挑战与未来展望

尽管数字经济带来了诸多机遇，但也面临严峻的挑战。数据隐私和安全问题愈发突出，企业在追求数字创新的同时，必须加强对用户数据的保护。此外，技术的快速变化要求企业不断调整战略，以适应新的市场需求。未来，随着 5G、区块链和量子计算等新技术的逐渐成熟，数字经济将迎来新的机遇与挑战。这些技术的结合将助力构建更为复杂的应用场景，如智能城市和自动驾驶汽车的出现，将进一步改变人们的生活方式和工作模式。

信息技术的发展史是一部与数字经济紧密相连的历史。从计算机的诞生到互联网的普及，再到人工智能的应用，信息技术不断推动着数字经济的前进。未来，持续的技术创新和有效的政策监管将是推动数字经济健康发展的关键。我们期待在数字经济的浪潮中，见证更多创新的涌现与社会的变革。

2.2 数字技术的重要性

数字技术在当今经济和社会中发挥着核心作用，推动着各个领域的深刻变革与创新。现从多个维度探讨数字技术对现代经济和社会的影响。

1. 商业与经济效率的提升

数字技术在企业运营中扮演着重要角色，尤其是在提升效率和优化流程方面。企业通过云计算和大数据分析，能够实时收集和处理大量数据，从而优化供应链管理和生产流程。例如，制造业通过实施物联网技术，可以实现设备的实时监控，预测维护需求，减少停机时间，提高生产效率。同时，数据分析工具帮助企业深入了解市场趋势和消费者行为，使产品开发和市场营销更加精准。以亚马逊为例，该公司利用先进的数据分析技术和机器学习算法，分析用户的购买历史和浏览行为，从而进行个性化推荐。这种精准的营销策略不仅提升了用户体验，还显著增加了销售额。

2. 改变沟通与合作的方式

数字技术彻底改变了人们的沟通和社交方式。社交媒体平台，如 Facebook、Twitter 和 LinkedIn 等，使人们能够跨越地理限制，实时分享信息和观点。这种即时的沟通方式促进了信息的快速传播，加速了创新的发生。在商业合作方面，视频会议工具，如 Zoom 和 Microsoft Teams 等，使远程协作变得更加高效。尤其是在全球新冠疫情期间，这些工具帮助企业维持了正常运营，避免了因无法面对面交流而导致的生产停滞。此外，跨国公司的团队能够随时通过数字平台进行实时沟通和项目管理，提升了工作效率和团队协作能力。

3. 社会服务的创新与可及性

数字技术在社会服务领域的应用显著提高了服务的可及性和便利性。在线教育平台，如 Coursera 和 edX 等，让全球的学生能够接触优质的教育资源，不再受限于地理位置。这种模式不仅打破了传统教育的界限，也促进了终身学习的理念。在医疗健康方面，远程医疗服务的兴起改变了传统的就医方式。患者可以通过视频与医生沟通，减少了等待时间和出行成本。特别是在偏远地区，数字技术使医疗资源得以更好地分配，让更多人能够享受到优质的医疗服务。例如，Teladoc 等远程医疗平台为患者提供了便捷的健康咨询和诊断服务，极大扩大了医疗服务的覆盖范围。

4. 数字化政府与公共服务

数字技术在推动政府数字化转型方面发挥了关键作用。电子政务使政府部门能够通过在线平台提供各种服务，提升了行政效率和透明度。例如，公民可以通过政府网站申请各种证件、查询信息，减少了前往政府办公地点的时间和成本。这不仅提高了公民的参与感，也增强了公民对政府的信任度。智慧城市的概念也是数字技术在公共服务领域的体现。通过使用传感器、数据分析和物联网技术，城市管理者能够实时监控交通流量、环境质量等信息，从而制定更有效的城市规划和管理策略。这种智能化管理不仅提升了城市的运营效率，还改善了居民的生活质量。

5. 数据隐私与安全挑战

尽管数字技术带来了诸多好处，但也伴随着数据隐私和安全的挑战。随着数据收集和使用的增加，用户的个人信息面临被滥用的风险。近年来，数据泄露事件频繁发生，严重损害了用户的信任。因此，企业在追求数字创新的同时，必须重视数据保护和安全问题，建立健全的隐私保护机制。

此外，政府和监管机构也需加强对数字技术应用的监管，制定相关政策以保护用户的隐私权和数据安全。在此背景下，技术伦理问题日益受到重视，企业需在技术创新与社会责任之间找到平衡。

数字技术已深入渗透到现代经济和社会的各个层面，其核心作用体现在提升效率、促进创新和改善服务等方面。通过数字技术的广泛应用，企业能够更灵活地应对市场变化，个人能够更方便地获取信息与服务，社会服务的质量和可及性也在不断提升。然而，伴随技术的快速发展，数据隐私和安全问题亦愈发重要，需引起足够重视。未来，随着新技术的不断涌现，数字技术的影响力将继续扩大，重塑我们的生活方式和工作模式。

2.3 数字技术的内涵及基本特征

数字技术作为现代社会和经济发展的核心驱动力，涵盖了多种广泛应用的技术和工具，其内涵和基本特征深刻影响着各个领域。以下将对数字技术的内涵进行详细阐述，并探讨其基本特征。

1. 数字技术的内涵

数字技术是指利用数字化手段进行信息的获取、存储、处理和传输的技术体系。它包括计算机技术、通信技术、数据处理技术，以及各种应用软件。数字技术的核心在于对信息的数字化处理能力，使信息能够以高效、准确和灵活的方式进行管理和应用。数字技术的应用范围广泛，涵盖了日常生活中的电子设备（智能手机、计算机等）、大型企业的信息系统，以及政府的电子政务和公共服务。随着信息技术的进步，数字技术不断演化，形成了诸如云计算、大数据、物联网、人工智能等新兴技术。

2. 数字技术的基本特征

数字技术具有以下基本特征，这些特征使其在现代社会中发挥着独特的作用。

数字化：数字技术最基本的特征，它是指将信息从传统的模拟形式转化为数字格式。这种转化使信息能够在计算机系统中存储、处理和传输，实现更高效的数据管理和分析。

互联性：数字技术的一个重要特征。通过网络和通信技术，各种设备和系统能够相互连接，形成一个全球信息网络。这种互联性使信息可以在不同的设备和平台之间无缝传输，促进了实时交流和协作。

自动化：数字技术推动了自动化的进程。通过算法和机器学习，许多传统的人工操作可以被自动化系统替代，提升了工作效率和精确度。例如，在制造业中，自动化生产线的使用减少了人力成本，并提高了产品的一致性和质量。

灵活性与适应性：数字技术具有高度的灵活性和适应性，能够根据不同的需求进行调整和扩展。企业可以根据市场变化快速调整其数字平台和应用，及时响应用户需求。这种灵活性与适应性不仅提高了企业的市场竞争力，也为创新提供了更大的空间。

数据驱动：数字技术强调数据的收集与分析。通过大数据分析，企业和组织能够深入了解用户行为和市场趋势，从而做出更为科学的决策。这种数据驱动的方法使企业在竞争中能够保持前瞻性和灵活性。

可视化：数字技术还注重信息的可视化呈现。通过图表、仪表板和互动界面等方式，复杂的数据和信息被更直观地展示给用户，提升了信息的可理解性和可操作性。这种可视化能力能帮助决策者快速掌握关键信息，从而做出有效决策。

数字技术的内涵与基本特征不仅定义了其在现代经济和社会中的角色，也为各行业的创新与转型提供了基础。通过数字化、互联性、自动化等特征，数字技术推动着信息处理的高效化和智能化，成为现代经济增长和社会进步的重要驱动力。未来，随着技术的不断发展，数字技术的内涵将更加丰富，其特征也将不断演变，以适应快速变化的市场和社会需求。

2.4 主要数字技术类型

数字经济发展的技术主要集中在数据、模型和算力三个方面，因为它们共同构成了数字经济的核心驱动力。在数字经济中，数据被视为一种重要的生产要素，类似于传统经济中的土地、资本和劳动。数字技术的发展使数据的生成、收集和存储变得更加高效和普遍。通过数字技术，企业能够实时获取大量信息，决策者可以更好地理解市场动态和消费者需求，从而制定更具针对性的战略。传统行业正在进行数字化转型，采用数字工具和平台，以提升运营效率和市场响应能力。例如，零售行业利用电子商务平台和移动支付手段，实现线上、线下的无缝对接。

模型通过将复杂的数据转化为可分析和可操作的信息，帮助企业做出更明智的决策。数学模型、统计模型和机器学习模型在分析和预测方面发挥着关键作用。通过模型，企业能够模拟不同场景，优化资源配置，提高效率。例如，供应链管理中使用的预测模型，可以帮助企业准确预测需求，减少库存成本。利用模型进行创新，企业可以在激烈的市场竞争中脱颖而出。例如，金融机构通过应用量化分析和基于算法的交易模型，提高投资决策的准确性和效率。

随着数据规模的不断扩大，传统计算能力已难以满足需求。算力的提升，尤其是云计算和边缘计算的发展，为大规模数据处理和复杂模型运行提供了支持。强大的算力使企业能够进行实时数据分析，快速响应市场变化。例如，在智能制造中，边缘计算可以在生产现场实时处理数据，提高了生产效率和质量。算力的进步推动了人工智能和机器学习等前沿技术的发展，使企业能够利用这些技术进行创新和业务重塑。

数据、模型和算力是数字经济发展的核心技术，因为它们相互依赖、相互促进，构成了一个完整的生态系统。数据为模型提供了基础，模型利用算力进行分析和预测，而算力则为数据处理和模型运行提供了必要的支持。这三者的紧密结合，使企业能够在数字经济中实现更高效地运营、创新和增长。

2.4.1 数据

1. 数据生成与收集

（1）传感器与物联网

数据采集是指从物理世界中获取数据的过程。这些数据可以是环境参数（温度、湿度等)、设备状态(开关状态、运行时间等)或其他相关信息。数据采集系统通常包括传感器、数据采集器和数据处理单元。传感器负责将物理量转换为电信号,数据采集器收集这些信号并进行初步处理,然后将数据传输到数据处理单元进行进一步分析和存储。

物联网是指通过互联网连接各种物理设备,形成智能网络,使设备能够互相通信并交换数据。随着传感器技术的进步,物联网设备可以在各类场景中实时生成数据。

在工业领域,物联网技术被广泛应用于智能制造。设备和机器通过传感器实时监控生产过程中的各项指标,如温度、压力、转速等。这些数据的生成和收集,使企业能够对生产过程进行实时监控和优化,提高生产效率和质量。

物联网数据采集的应用方法如下。

环境监测:物联网环境监测系统通过传感器采集环境参数,如空气质量、温度、湿度等,并将数据上传到云端进行分析和展示。智慧农业物联网平台通过监测土壤湿度、光照强度等参数,帮助农民优化灌溉和施肥策略,提高农业生产的效率和质量。例如,某智慧农业项目通过在农田中部署温湿度传感器和光照传感器,实时监测农田环境数据,并根据数据自动调节灌溉系统,提高水资源利用效率和农作物产量。

智能家居:在智能家居系统中,物联网数据采集系统可以监测家庭设备的状态和环境参数,实现智能控制和节能管理。通过传感器采集室内温度、湿度、光线强度等数据,并与智能家居设备联动,物联网数据采集系统可以实现对空调、照明、安防系统的智能控制。例如,智能温控系统可以根据温度传感器的数据自动调节空调的运行状态,确保室内温度始终适宜,并节省能源消耗。

智能安防系统:智能安防系统通过安装在家中的各种传感器,如门窗传感器、运动传感器、烟雾传感器等,实时监测家庭的安全状况。当传感器检测到异常情况时,系统会立即发送警报信息到用户的手机或联动智能摄像头进行录像,确保家庭安全。例如,某智能家居项目中,用户可以通过手机 App 实时查看家中的监控视频,并在检测到门窗异常开启时,自动触发报警和视频录制功能,提升家庭的安全性。

生产设备状态监测:在某制造工厂,生产线上的设备安装了多个传感器,实时监测设备的运行状态。通过数据采集网关,设备的温度、振动等数据被实时传输到中央监控系统。当某设备的运行参数超出正常范围时,系统会自动生成报警信息,并通知维修人员及时处理,避免设备故障导致生产停工和损失。

医疗保健:在医疗保健中,物联网数据采集系统可以监测患者的生理参数,如心率、血氧、血压等,提供远程医疗和健康管理服务。可穿戴设备可以实时采集患者的健康数据,并将数据上传到云端,医生可以通过远程监控平台及时了解患者的健康状况,并进行诊断和治疗。某医院通过物联网技术为慢性病患者提供远程健康监测服务。患者佩戴心率监测器、血氧仪等设备,这些设备实时采集心率、血氧等数据,并通过手机 App 将数据上传到医院的健康监控平台。医生可以根据患者的健康数据进行远程诊断和健康指导,提高医疗服务的效率和质量。例如,一位心脏病患者佩戴心率监测设备,医生能够实时监测其心率变化,并在其心率异常时及时提供治疗建议,避免其心脏病发作。

(2)大数据平台

大数据平台为数据的存储、处理和分析提供了强有力的支持。以 Apache Hadoop 和 Apache Spark 为代表的大数据处理框架,能够高效处理海量数据。这些平台支持分布式存储,能够将数据分散存储在多台计算机上,解决了单台机器存储容量和处理能力有限的问题。

大数据平台还支持多种数据类型的处理,包括结构化数据(关系数据库中的数据等)和非结构化数据(社交媒体文本、图片、视频等)。通过集成各种数据源,企业能够获得更全面的视角,在市场竞争中占据优势。

在硬件与集成设备领域,大数据将对芯片和存储产业产生重要影响,同时也将推动一体化数据存储处理服务器、内存计算等市场的发展。在软件与服务领域,大数据将催生数据快速处理分析、数据挖掘技术,以及软件产品的不断进步。随着大数据的发展,市场将不断涌现出适应需求的创新产品。

大数据是提高核心竞争力的关键,引领行业从"业务驱动"向"数据驱动"转变。大数据分析能够使零售商实时了解市场动态,迅速做出应对;能够为商家制定更加精准有效的营销策略提供决策支持;能够帮助企业为消费者提供更加及时和个性化的服务;能够在医疗领域提高诊断准确性和药物有效性。在公共事业领域,大数据也开始发挥促进经济发展、维护社会稳定等方面的重要作用。

2. 数据存储与管理

(1)云存储

云存储技术为企业提供了灵活、安全的数据存储解决方案。企业可以将数据存储在云端,按需使用存储空间,避免了传统存储方式中固定投资成本高的问题。此外,云存储服务提供商(Amazon S3、Google Cloud Storage 等)通常会提供数据的自动备份和安全防护等服务,降低数据丢失和泄露的风险。云存储还有一个优势在于其易扩展性,企业在面对数据增长时,可以迅速调整存储容量,而无须进行烦琐的硬件升级。

云存储的核心技术分为以下几个部分。

虚拟化技术:虚拟化技术将一台计算机模拟为多台逻辑计算机,每台逻辑计算机可独立运行不同的操作系统和应用程序,虚拟化技术能显著提高计算机的工作效率。该技术使用户、软件和系统在虚拟的逻辑硬件上运行,而非真实的物理硬件,实现了硬件容量的扩大和软件重新配置过程的简化。虚拟化技术包括软件虚拟化、硬件虚拟化、全虚拟化和半虚拟化。

分布式数据存储技术:分布式数据存储技术通过网络连接多台设备上的磁盘空间,按规则将用户数据存储在不同的设备上。该技术将数据分散存储在多台独立的设备上,摆脱硬件设备限制的同时增强了数据存储的扩展性,可快速响应用户需求,提升了存储的效率。

云存储编程模型:云存储编程模型是实现云计算分布式并行计算的关键。在云存储场景下,良好的编程模型可迅速分析和处理大量数据,提供容错、安全、负载均衡、高并发和可伸缩性机制。借助云存储编程模型,开发人员可更专注于业务逻辑,无须关注分布式并行计算的底层细节,降低了云计算开发的难度。此外,在云计算分布式并行编程模式中,后台任务处理和资源调度过程对用户透明,显著提升了用户体验。

(2)数据库管理系统

数据库管理系统(DBMS)是企业进行数据存储和管理的重要工具。关系数据库(MySQL、PostgreSQL)以表格形式存储数据,支持复杂的查询和事务处理,适用于结构化数据的管理。而 NoSQL 数据库(MongoDB、Cassandra)则为非结构化数据和半结构化数据提供了解决方案，能够处理灵活的数据结构，适合快速变化的数据需求。

在数据管理过程中，企业需要考虑数据的完整性和一致性。采用事务处理机制[ACID（原子性、一致性、隔离性和持久性）性质]能够确保在数据操作发生错误时，数据恢复到安全状态，避免数据丢失和错误。

DBMS是现代信息技术中的关键组成部分，主要用于数据的存储、管理和检索。其核心技术包括数据模型、查询处理、事务管理、安全机制、备份与恢复。

数据模型是DBMS的基础，它定义了数据的结构和关系，主要分为关系数据库和非关系数据库。关系数据库通过表格结构存储数据，并使用结构化查询语言（SQL）进行操作，而非关系数据库则支持多种数据形式，如文档、键值对和图形结构，能适应不同的应用场景。

查询处理是DBMS的重要技术之一，它负责将用户的查询请求解析为数据库能理解的操作，并优化执行路径以提高查询性能。查询处理技术通过分析数据分布、索引和执行计划，选择最有效的执行方案，从而显著提升数据访问效率。

事务管理确保了数据的一致性和完整性，DBMS通过ACID性质管理并发事务，避免数据冲突和损坏，确保在系统故障时能够恢复数据的正确状态。

安全机制能保护数据的安全和隐私。DBMS通过用户身份验证、访问控制和加密技术确保敏感信息的安全，防止未授权访问和数据泄露。

此外，备份与恢复也是DBMS的重要技术，定期备份数据可确保数据在系统故障或数据丢失时快速恢复，减少企业损失。

随着云计算和大数据技术的发展，现代DBMS越来越多地采用分布式架构和云服务，分布式架构和云服务能提供更高的可扩展性和灵活性，还能支持海量数据的处理和实时分析。在数字经济时代，DBMS的应用场景广泛，涵盖电子商务、金融服务、医疗健康、社交网络等多个领域。通过高效的数据管理，企业能够挖掘数据价值，进行智能决策，实现业务创新。面对不断变化的市场需求，DBMS的技术也在不断演进，智能化和自动化管理成为未来的发展趋势。随着机器学习和人工智能的引入，DBMS将能够自主优化性能、识别异常和提升用户体验，进一步推动数字经济的发展。

3. 数据安全与隐私

（1）数据加密与访问控制

在数字经济中，数据安全与隐私保护显得尤为重要。企业可以通过数据加密技术保护敏感数据不被未授权访问。加密技术将原始数据转换为密文，只有持有密钥的用户才能解密并访问数据。这一过程确保了数据在存储和传输过程中不会被窃取或篡改。

数据加密与访问控制是数字经济中确保数据安全和保护隐私的两个关键技术。数据加密是指将原始数据转换为一种不可读的格式，以保护数据在存储和传输过程中的安全。其加密算法通常分为对称加密和非对称加密两种类型。对称加密使用相同的密钥进行数据加密和解密，常见的算法包括AES（高级加密标准）和DES（数据加密标准）。相较之下，非对称加密使用一对密钥，即公钥和私钥，其中，公钥用于加密，私钥用于解密，典型的非对称加密算法有RSA和ECC（椭圆曲线加密）。在实际应用中，数据加密能够有效防止数据遭窃取后被读取，确保用户的隐私和企业的机密信息得到保护。

访问控制则是通过一系列策略和技术，限制对数据和系统资源的访问。有效的访问控制确保只有经过授权的用户才能访问敏感信息，从而降低数据泄露的风险。访问控制通常分为两种类型：基于角色的访问控制（RBAC）和基于属性的访问控制（ABAC）。RBAC通过定义用户角色，并根据角色权限授予访问权，简化了权限管理；ABAC根据用户属性、资源属性和环境条件动态决定访问权限，提供了更细粒度的访问控制。除了这两种类型，访问控制还包括多因素认证、单点登录和会话管理等技术，这些手段结合使用，能进一步增强系统的安全性。

在数字经济环境中，数据加密与访问控制的结合应用尤为重要。许多行业，如金融、医疗和电子商务等，必须遵循严格的数据保护法规，如GDPR和HIPAA（《健康保险可携带性和责任法案》）。通过实施数据加密，企业可以确保在数据泄露事件发生时，敏感信息不会被恶意用户获取。此外，访问控制策略能够限制数据的访问范围，确保只有获得授权的员工能够查看或处理相关信息，从而降低数据从内部泄露的风险。结合数据加密与访问控制的综合解决方案，企业可以构建一个强大的安全框架，既能保护数据的机密性，又能确保数据的合规性。

随着技术的发展，数据加密与访问控制也在不断演进。例如，区块链技术的兴起为数据保护提供了新的思路，即通过去中心化的方式增强数据的安全性与透明度。同时，人工智能和机器学习技术的应用，使动态访问控制和智能加密成为可能。通过分析用户行为和数据访问模式，系统能够自动识别异常活动并采取相应的安全措施。总之，数据加密与访问控制不仅是保护企业和用户信息安全的基础手段，还是推动数字经济健康发展的重要保障。企业应不断更新和优化相关技术，确保在快速变化的数字环境中保持竞争力。

（2）合规性要求

随着数据隐私法规的逐步出台（GDPR等），企业在数据管理中必须遵循一定的法律法规。这些法律法规规定了数据收集、存储和使用的标准，确保用户在数据处理过程中的权利得到保护。企业需要制定合规策略，定期进行审计和检查，确保其数据管理行为符合法律法规要求。

在数字经济时代，数据的合规性要求变得越来越重要，尤其是在信息快速流通和跨境交易日益频繁的背景下。数据合规性是指组织在收集、处理和存储数据时遵循法律法规和行业标准的能力，确保数据的合法性、透明性和安全性。这些要求不仅能保护个人隐私，还能提升用户信任度和品牌形象。在全球范围内，数据合规性的要求因地区和行业的不同而异，常见的法律法规包括GDPR、HIPAA及《加利福尼亚州消费者隐私法》（CCPA）等。GDPR作为全球最严格的数据保护法之一，对数据处理的原则、用户权利，以及违规处罚设定了明确的规范，要求企业在收集和处理个人数据时必须获得用户的明确同意，并为用户提供访问、修改和删除其个人数据的权利。此外，GDPR还强调数据最小化原则，要求企业只收集必要的数据，并限制数据的存储时间。

数据合规性要求的实施不仅关乎法律责任，还对企业的日常运营产生深远影响。企业需要建立健全的数据治理框架，以确保合规性要求的落实。这包括制定清晰的数据管理政策、实施数据分类和分级管理、开展定期的数据审计和风险评估。企业还应培训员工，使其了解数据合规性的相关规定及其重要性，以降低员工不当操作而导致的合规性风险。此外，企业在处理第三方数据时，也需谨慎评估合作伙伴的合规性，确保整个数据生态系统的合规性。

在数字经济中,技术的快速发展也推动了数据合规性要求的演变。例如,云计算和大数据技术的普及,使数据的存储和处理变得更加复杂,企业需要在云环境中遵循相应的合规性要求。同时,人工智能和机器学习的应用,使数据处理的自动化和智能化成为可能,但也引发了对数据使用透明度和用户权利的新的合规性的挑战。为了应对这些挑战,企业可以采用隐私增强技术(PET)保护用户隐私,同时确保数据的合规性。例如,通过数据脱敏、加密和匿名化技术,企业可以在不违反隐私法规的前提下利用数据进行分析。

随着数据合规性要求的不断加强,企业面临合规性成本的上升和合规性管理的复杂化。合规性不仅是法律问题,更是战略问题。企业需要将合规性嵌入业务战略中,建立跨部门的合规团队,确保数据的合规性与企业整体目标的一致性。此外,定期更新合规性政策和流程,及时响应法律法规变化,也是企业在数字经济中保持竞争力的关键。随着全球数据合规性环境的不断变化,企业必须灵活应对,不断优化其合规性管理体系,以适应新的挑战和机遇。

在未来,数据的合规性要求将继续演进,可能会出现更多针对新技术和新商业模式的法律法规。企业应关注这些变化,及时调整其合规性策略。此外,用户对隐私保护的重视也将促使企业主动提升数据合规性水平,以满足市场需求。通过建立强有力的合规性文化,企业不仅可以增强市场竞争力,还可以规避法律风险,实现可持续发展。在这一背景下,数据合规性不仅是法律的要求,更是企业实现数字化转型和创新发展的重要保障。通过积极应对数据合规性要求,企业能够在数字经济时代把握机遇,赢得用户信任,推动业务增长。

2.4.2 模型

1. 数据分析与可视化

(1) 统计分析

统计分析是数据科学的重要组成部分,通过对数据的描述性统计和推断性统计,决策者可以理解数据中的趋势和关系。常用的统计方法包括回归分析和聚类分析等。

回归分析:通过建立自变量与因变量之间的关系,回归分析可以预测未来的趋势。例如,销售预测模型可以根据历史销售数据和市场因素,预测未来的销售额。

聚类分析:聚类分析将数据分成若干组,使同一组内的数据具有相似性,而不同组之间的数据差异较大。这种方法常用于用户细分、市场调研等领域。

(2) 数据可视化工具

数据可视化工具能够将复杂的数据转化为直观的图表和图形,帮助用户更好地理解和分析数据。例如,Tableau 和 Power BI 等工具提供了丰富的可视化选项,使用户能够通过拖曳操作轻松创建动态报告和仪表板。

数据可视化的一个重要目标是提高信息的可读性和可理解性。通过使用图表、地图和交互式仪表板,企业能够快速传达关键信息。

2. 机器学习与人工智能

（1）监督学习与非监督学习

机器学习是通过算法让计算机从数据中学习和做出预测的技术。监督学习和非监督学习是机器学习的两大主要类别。

监督学习：在监督学习中，算法使用标记数据进行训练，旨在学习输入与输出之间的映射关系。常见的应用场景包括分类（垃圾邮件检测）和回归（房价预测）。

非监督学习：非监督学习使用未标记的数据进行训练，目标是从数据中发现潜在的结构或模式。常见的应用场景包括聚类分析和降维技术（主成分分析）。

（2）深度学习

深度学习是机器学习的一个分支，通过多层神经网络进行数据建模。深度学习在处理图像、语音和自然语言等复杂数据方面表现出色。深度学习模型能够通过大量数据的训练，自主提取特征，实现高精度的任务。

卷积神经网络（CNN）：CNN广泛应用于图像识别和计算机视觉任务中，能够有效处理图像数据，提取其空间特征。

循环神经网络（RNN）：RNN适用于处理序列数据，如自然语言处理和时间序列预测。RNN通过记忆之前的信息，能够捕捉序列中的时序依赖关系。

3. 优化模型与决策支持

（1）运筹学与优化模型

运筹学是应用数学的一部分，涉及资源优化和决策制定。企业通过运筹学模型，能够在约束条件下找到最佳的解决方案。例如，线性规划模型可以帮助企业在给定资源和需求的情况下，最大化利润或最小化成本。

优化模型包括以下两种。

整数规划：在一些场景中，决策变量需要为整数（设备的数量），此时使用整数规划进行建模，可以找到最佳解决方案。

网络流模型：网络流模型用于优化运输和供应链管理，通过网络图表示不同的节点和边，实现优化资源流动。

（2）模拟与预测模型

模拟与预测模型能够帮助企业预测不同决策方案的潜在结果。通过建立数学模型，企业可以对不同情景进行模拟，了解不同决策的影响。

蒙特卡罗模拟：蒙特卡罗模拟通过随机抽样技术，评估不确定性对结果的影响。这种方法广泛应用于金融风险管理、工程设计等领域。

时间序列预测：时间序列预测能够通过历史数据预测未来趋势，广泛应用于销售预测、库存管理等场景。

2.4.3 算力

1. 计算基础设施

（1）云计算平台

云计算平台为企业提供了灵活、可扩展的计算资源。企业可以根据实际需求选择不同类型的云计算服务，包括基础设施即服务（IaaS）、平台即服务（PaaS）和软件即服务（SaaS）。这种灵活性使企业能够快速响应市场变化，优化资源配置。

IaaS：提供虚拟机和存储服务，企业可以根据需要动态调整计算资源，降低固定资产投资。

PaaS：为开发者提供了构建应用程序的环境，简化了开发过程，提高了开发效率。

SaaS：通过云端提供应用程序服务，用户无须进行本地安装和维护，可以随时随地访问应用。

（2）边缘计算

边缘计算通过将计算任务转移到离数据源更近的设备上，解决了云计算在实时性方面的问题。尤其在物联网和智能制造领域，边缘计算能够实现快速响应和实时数据处理。边缘计算的一个重要应用是自动驾驶技术。自动驾驶汽车需要实时处理来自传感器的海量数据，边缘计算可以在车载设备上进行数据分析和决策，降低自动驾驶汽车对云端的依赖。

边缘计算是数字经济中一项关键的技术架构，旨在将数据处理和存储从数据中心转移到靠近数据源的边缘设备上。这种模式的兴起源于物联网设备数量的激增及对实时数据处理的需求。边缘计算通过在数据产生的地点或附近进行计算，省去了数据传输到中心服务器的距离，从而降低了延迟，提高了响应速度，特别适用于需要快速反应的应用场景，如智能交通、工业自动化和智能家居等。边缘计算的核心理念是"在源头处理数据"，使得企业能够及时分析数据、做出决策，而无须等待数据回传至远程服务器。

在边缘计算的架构中，设备可以包括传感器、网关、边缘服务器和其他网络连接设备。这些设备能够在本地分析和处理数据，执行一定的计算任务，并仅将必要的数据发送到中心云端进行进一步分析或存储。这种局部处理不仅提高了数据处理效率，还减轻了网络带宽的压力，降低了数据传输带来的成本和延迟。此外，边缘计算还具备更高的可靠性，因为即使在网络连接不稳定或中断的情况下，边缘计算架构中的设备仍然能够继续操作，确保关键应用能持续运行。

在数字经济背景下，边缘计算的应用场景多种多样。举例来说，在智能制造领域，边缘计算可以实时监测设备状态，分析生产线数据，并在出现异常时立即采取措施，提升生产效率和产品质量；在智能交通系统中，通过边缘计算，交通信号灯可以根据实时流量数据做出调整，优化交通流量，减少拥堵；而在医疗健康领域，边缘计算使可穿戴设备能够实时监测用户的健康状况，发现异常状况时能及时发出警报，从而实现更为精准的健康管理。此外，边缘计算还可以支持增强现实和虚拟现实等应用，通过就近处理数据提供流畅的用户体验。

尽管边缘计算有许多优势，但其实它在实施方面也面临一些挑战。首先，边缘设备的安全性问题亟须解决。由于边缘设备往往分布在多个地点，缺乏统一的安全防护措施，容易成为网络攻击的目标,所以必须加强边缘设备的安全管理,采用数据加密和访问控制等技术,确保数据的安全性。其次,边缘设备的管理和维护也相对复杂。企业需要对分散的边缘设备进行有效的监控和管理,以保证其正常运行并及时对其进行更新。

在技术发展趋势方面,边缘计算与人工智能和机器学习的结合正在成为一种新趋势。通过将人工智能算法部署在边缘设备上,企业能够在数据产生的地点进行智能分析,从而实现更高效的实时决策。这种结合不仅提升了边缘设备的处理能力,还能够在数据传输上节省带宽,减少延迟,进一步增强用户体验。此外,边缘计算与5G网络的发展也密切相关。5G网络提供的高带宽和低延迟特性,为边缘计算的广泛应用奠定了基础,使更多具备实时数据处理功能应用的出现成为可能。

边缘计算作为数字经济中的重要技术之一,凭借其低延迟、高效能和高可靠性等优势,正在推动各行业进行数字化转型。企业应积极探索边缘计算在自身业务中的应用场景,构建相应的边缘计算架构,以满足日益增长的实时数据处理需求。同时,在边缘计算的实施过程中,企业要注重安全性和管理策略的制定,以充分发挥边缘计算的潜力。未来,随着技术的不断进步和应用的深入,边缘计算将在数字经济的各个领域发挥越来越重要的作用,助力企业实现更高效、更智能的运营模式。

2. 高性能计算

(1)集群计算与超级计算

高性能计算(HPC)通过并行计算技术,实现对复杂计算任务的高效处理。HPC系统通常由多个计算节点组成,通过高速网络连接,协同工作以解决大规模问题。超级计算机在科学研究、天气预测和生物信息学等领域发挥了重要作用。通过强大的算力,超级计算机能够处理复杂的数学模型,以支持前沿科学研究。

集群计算和超级计算是现代计算技术的两个重要领域,随着数字经济的发展,这两者在数据处理、科学研究和企业应用中发挥着越来越重要的作用。集群计算通过将多台计算机连接在一起,形成一个统一的计算资源池,从而实现高效的数据处理和任务执行。集群通常由多个独立的计算节点构成,这些节点通过高速网络相连,共同完成计算任务。在集群中,计算任务可以被分解为多个子任务并在不同的节点上并行处理,从而显著提高计算效率和计算任务处理能力。集群计算的应用范围非常广泛,包括数据挖掘、网络服务、科学模拟、图像处理等。特别是在需要高可用性和容错能力的环境中,集群计算能够提供持续的服务和支持。

相比之下,超级计算是指使用超级计算机处理复杂的计算任务,这些计算机通常具有极高的性能,能够在短时间内处理海量数据。超级计算机通常采用高度并行的架构,具备数万个甚至数百万个处理核心,能够同时执行大量计算任务。超级计算的应用多集中于科学研究和工程计算领域,如气候模拟、基因组分析、粒子物理学和天文学等。这些领域的研究往往涉及复杂的数学模型和庞大的数据集,因此需要超级计算机的强大计算能力来完成高精度的分析。

在数字经济的背景下,集群计算与超级计算的结合为各行各业带来了新的机遇。随着大数据技术的发展,企业面临日益增长的数据处理需求,传统的单机计算方式已难以满足这些需求。因此,许多企业选择构建计算集群,以实现更高的计算能力和灵活性。例如,

数字创新

云服务提供商利用集群计算技术，提供按需计算资源，使企业能够根据业务需求快速扩展计算能力，降低 IT 成本。同时，集群计算还支持多种工作负载的并行处理，适合数据分析、机器学习和人工智能等新兴技术应用。

在科学研究方面，超级计算机的角色同样不可或缺。许多科学研究需要构建复杂的模型，而超级计算机则为科学家们提供了强大的计算支持。例如，在气候研究中，科学家们利用超级计算机构建全球气候模型，以预测未来气候变化的趋势和影响。这些研究不仅对科学界有重要意义，也为政府提供了数据支持，帮助其制定应对气候变化的政策。此外，超级计算机在药物研发中也扮演着重要角色，研究人员可以通过超级计算进行分子模拟，筛选潜在的药物候选者，从而大幅缩短研发周期，降低研发成本。

尽管集群计算和超级计算在计算能力和应用场景上有显著差异，但它们也面临一些共同的挑战。随着计算能力的提升，数据存储和管理的复杂性也随之增加。在处理海量数据时，如何高效地存储、检索和分析数据成为一个关键问题。为了解决这一问题，许多研究者和工程师正在探索新的数据管理技术，如分布式文件系统（DFS）和数据湖，以提高数据处理效率。此外，随着计算技术的不断演进，能源效率和环境影响也逐渐成为人们关注的焦点。超级计算设施和集群计算设施的能耗往往非常庞大，如何在保证计算性能的同时降低能耗，是未来研究的重要方向。

未来，随着人工智能、物联网和 5G 等新兴技术的发展，集群计算与超级计算的融合将更加紧密。人工智能的快速发展使人们对计算能力的需求日益增长，而集群计算和超级计算可以提供强大的计算资源，以满足机器学习和深度学习等算法的训练需求。同时，物联网技术带来的海量数据也需要集群计算和超级计算的支持，以实现数据的实时分析和处理。此外，边缘计算的兴起为集群计算和超级计算提供了新的应用场景，边缘设备可以收集和预处理数据，而集群计算和超级计算则可以集中处理复杂的计算任务，从而形成一个完整的计算生态系统。

集群计算与超级计算作为现代计算技术的重要组成部分，在数字经济的推动下，正在不断演进和发展。面对不断变化的技术环境和市场需求，企业和研究机构应积极探索集群计算和超级计算的结合应用，以把握数字经济时代的机遇，实现可持续发展。

（2）图形处理单元

图形处理单元（GPU）因其强大的并行计算能力，已成为深度学习和图像处理领域的关键微处理器。与传统中央处理器（CPU）相比，GPU 能够同时处理大量数据，提高模型训练的速度。在深度学习领域，GPU 能够显著缩短模型的训练时间；在图像处理领域，GPU 能够在短时间内处理数百万张图像，提高处理效率。

3. 分布式计算

分布式计算使企业能够在多台计算机上并行处理数据，提升了处理效率。大数据处理框架通过将任务分发到各个节点上，高效处理海量数据。

Hadoop：Hadoop 通过分布式文件系统和 MapReduce 计算模型，能够在多个节点上存储和处理数据，适用于批量数据处理的场景。

Spark：Spark 支持实时数据处理和流式计算，能够在内存中进行快速计算，提高数据处理的效率。

数字技术在数字经济中发挥着重要作用，数据、模型和算力三者的结合，为企业提供了强大的支持。模型为数据的分析和决策提供了依据，而算力则确保了高效的数据处理和计算能力。未来，随着技术的不断进步，数字技术将在更多领域发挥更大的作用，为数字经济的发展注入新的动力。

2.5 数字技术的应用场景

数字技术的发展正以前所未有的速度改变全球的各个行业和社会的各个方面。随着人工智能、大数据、云计算、物联网等技术的崛起，数字化的浪潮不仅推动了商业与经济模式的变革，还在教育与培训、医疗与健康、政府与社会服务等公共领域产生了深远影响。

2.5.1 商业与经济

1. 电子商务与在线市场

电子商务是数字技术在商业与经济领域最显著的应用之一。通过建立在线平台，企业能够直接面向消费者（B2C）或其他企业（B2B）进行交易，打破了传统零售的地域限制。数字技术使企业能够在全球范围内拓展市场，消费者也能够方便地购买各类产品。大数据分析在这个过程中起着重要作用，企业可以通过分析消费者的购买行为、浏览习惯等数据，精准定位目标消费者，实现个性化营销。此外，人工智能和机器学习技术的应用可以为消费者提供智能推荐，提升消费者的购物体验。

2. 数据驱动的决策

数据的收集与分析已成为现代企业决策的重要基础。通过使用数据分析工具和商业智能平台，企业能够实时监控市场趋势、消费者行为和运营状况。这些数据驱动的决策可以帮助企业在快速变化的市场环境中做出灵活反应。例如，零售商可以根据销售数据和库存水平调整采购计划，降低库存成本；制造企业可以通过数据分析优化生产流程，提高生产效率；企业管理层可以根据运营状况，制定科学的战略决策。

3. 数字营销与社交媒体

随着社交媒体的普及，数字营销已成为企业与消费者沟通的重要渠道之一。企业可以通过社交媒体平台进行品牌推广、活动宣传，并与消费者互动，增强消费者的参与感和品牌忠诚度。数字营销的优势在于精准性和可测量性，企业能够通过数据分析评估营销效果，优化广告投放策略。例如，通过 A/B 测试，企业可以评估不同广告方案的效果，选择最有效的广告方案进行推广。此外，搜索引擎优化（SEO）和内容营销也在数字营销中占据了重要地位，帮助企业提升在线可见性和引流能力。

4. 供应链管理与物联网

数字技术对供应链管理的影响深远，物联网技术的应用使企业能够实时监控物流和库存状态，提高供应链的透明度和灵活性。通过在运输工具和仓库中安装传感器，企业可以获取物流和仓库的实时数据，优化配送路线，降低运输成本。大数据分析则可以帮助企业预测需求波动,提前调整生产和库存计划。此外,区块链技术的引入也为供应链管理提供了新的解决方案,该技术确保了数据的透明性和可追溯性,增强了消费者对产品的信任度。

5. 金融科技与数字支付

金融科技是数字技术在商业与经济领域的重要应用,它改变了传统银行和金融服务的运作模式。数字支付的普及,使消费者能够方便快捷地进行在线交易,推动了无现金社会的形成。同时,区块链技术为数字货币和智能合约的应用提供了基础,提高了金融交易的安全性和效率。通过数据分析和机器学习,金融机构可以更好地评估风险,为消费者提供个性化的金融产品。此外,P2P借贷平台的兴起,使个人和小微企业能够更方便地获得资金,促进了经济的普惠发展。

6. 人工智能与自动化

人工智能技术在商业与经济领域的应用不断扩大,从客服机器人到智能生产线,人工智能正在重塑各行各业的运作方式。在客服领域,企业通过部署聊天机器人实现 7×24 小时在线服务,能在提高消费者满意度的同时降低运营成本。在制造业,人工智能技术可以用于检测设备故障,优化维护策略,从而提高生产效率和设备利用率。此外,自动化技术的应用也使许多传统行业的工作流程得以简化,减少了人为错误,提高了整体生产力。

7. 智慧城市与数字基础设施

随着城市化进程的加快,智慧城市的概念逐渐兴起。数字技术在城市管理、公共服务和基础设施建设中的应用为城市的发展提供了新动力。通过集成物联网、大数据和人工智能,城市能够实现智能交通、智能能源管理和公共安全监控,提高居民的生活质量。例如,智能交通可以通过实时交通数据调整信号灯,优化交通流量,减少拥堵。同时,数字基础设施的建设也为企业提供了更好的发展环境,推动经济的可持续增长。

数字技术在商业与经济领域的应用场景丰富多样,涵盖了电子商务与在线市场、数据驱动的决策、数字营销与社交媒体、供应链管理与物联网、金融科技与数字支付、人工智能与自动化、智慧城市与数字基础设施等多个方面。数字技术不仅提升了企业的运营效率和市场竞争力,还促进了经济的转型与升级。在未来,数字技术将在商业与经济领域的各方面发挥更加重要的作用,推动社会和企业的创新与发展。企业应积极拥抱数字化转型,利用这些新技术和新模式,捕捉市场机遇,实现可持续发展。

2.5.2 教育与培训

在数字经济时代,教育与培训领域的变革正受到数字技术的深刻影响。随着数字技术的快速发展和互联网的普及,教育的方式、内容和形式都发生了翻天覆地的变化。

1. 在线学习平台的兴起

在线学习平台是数字技术在教育领域最显著的应用之一。借助互联网,学习者可以随时随地访问丰富的学习资源,包括课程、讲座、电子书和视频等。在线教育平台,如 Coursera、edX 和 Udacity 等,汇聚了全球知名高校教师和专家的课程,为学习者提供了多样化的学习选择。在线学习平台满足了不同学习者的需求，使教育不再局限于传统的课堂。

在线学习平台不仅为学习者提供了自学的机会，还通过互动式学习工具，如论坛、测验和作业等，增强了学习者的学习参与感。此外，许多在线学习平台利用数据分析技术跟踪学习者的进度和成绩，为他们提供个性化的学习建议，帮助他们在自己的节奏下不断进步。

2. 虚拟现实与增强现实

虚拟现实和增强现实技术在教育领域的应用为学习者提供了身临其境的学习体验。这些技术不仅能够提升学习的趣味性，还能帮助学习者更好地理解复杂的概念。例如，在医学教育中，虚拟现实技术可以模拟手术环境，让学习者在安全的条件下进行实操训练。通过这种沉浸式的学习体验，学习者能够更好地掌握实际操作技能。

在科学教育中，增强现实技术可以将虚拟模型叠加在现实世界中，使学习者能够进行观察和互动，从而深化对抽象概念的理解。例如，学习者可以通过增强现实设备观察太阳系的行星运动，更直观地理解它们之间的关系。这种技术的应用不仅激发了学习者的学习兴趣，还提高了学习者的学习效果。

3. 人工智能与个性化学习

人工智能在教育领域的应用，特别是在个性化学习方面，显示了巨大的潜力。人工智能技术可以分析学习者的学习行为和表现，判断他们的优势和不足，从而为每个学习者量身定制个性化的学习方案。例如，智能辅导系统能够根据学习者的学习进度，自动调整内容难度，推荐适合的学习资源和练习题。这种个性化的学习方式能够有效提高学习者的学习动力和学习效果。

此外，人工智能还可以用于评估学习者的表现，并提供实时反馈，帮助教师及时调整教学策略。通过数据分析，教育机构能够识别学习困难的学习者并提供额外的支持。

4. 移动学习

移动学习（m-learning）是数字技术在教育与培训领域一个重要的应用。随着智能手机等移动设备的普及，学习者可以随时随地访问线上学习资源。教育机构和培训机构纷纷开发应用程序和网站，为学习者提供便捷的学习渠道。移动学习使学习不再受时间和空间的限制，极大地提高了学习的便利性。移动学习不仅适用于正式教育，它在企业培训中也得到了广泛的应用。许多企业利用移动学习平台为员工提供随时可用的培训资源，帮助员工在工作中不断学习和成长。这种随时随地的学习方式提高了员工的学习效率和满意度，促进了企业的整体发展。

5. 社交学习与协作平台

社交学习也是数字技术带来的一种教育模式，它强调学习者之间的互动和协作。通过社交网络和在线协作工具，学习者可以分享经验、讨论问题并共同完成项目。这种学习方式不仅提高了学习者的学习参与感，还促进了知识的共享和创造。例如，使用 Slack、Microsoft Teams 等平台，学习者可以创建小组，进行讨论和协作，互相学习。教师和培训师也可以利用这些平台，跟踪学习者的参与情况，并及时给予反馈。社交学习不仅增强了学习的社交性，还培养了学习者的团队合作能力和沟通技巧。

6. 数据分析与教育评估

数据分析在教育与培训领域的应用日益广泛，能帮助教育机构和企业有效评估学习者的学习效果。通过收集和分析学习者的数据，教育机构和企业能够了解课程的有效性、教学策略的影响及学习者的学习进度。这些数据能够帮助教育者不断改进课程和教学方法，确保教学质量。在企业培训中，通过数据分析，企业能够评估员工培训的效果，识别培训中的不足，并有针对性地进行调整。

7. 终身学习与职业发展

数字技术的普及推动了终身学习理念的发展，越来越多的人意识到学习不再局限于学校阶段，是一个贯穿一生的过程。在线课程、短期培训和证书项目为学习者提供了多种选择，帮助他们在职业生涯中不断提升技能和知识。企业也积极培养员工的终身学习能力，通过提供在线培训和职业发展机会，激励员工不断学习和进步。这不仅有助于员工的个人发展，也增强了企业的竞争力。在快速变化的数字经济时代，具备持续学习能力的人才愈发重要，企业和个人都需拥抱这一趋势。

数字技术正在深刻改变教育与培训行业，为学习者提供更灵活、高效和个性化的学习体验。在线学习平台的兴起使知识获取突破时空限制，虚拟现实和增强现实技术带来沉浸式学习体验，人工智能推动个性化学习方案的实现。此外，移动学习、社交学习与协作平台提升了学习的便捷性和互动性，数据分析技术助力教育评估和改进教学策略。终身学习理念的普及进一步推动了职业发展和企业培训的创新。在数字经济时代，教育的变革正加速进行，塑造未来人才培养的新模式。

2.5.3 医疗与健康

在数字经济时代，医疗与健康领域正经历着深刻的变革，数字技术的广泛应用为医疗服务的提升和健康管理的优化带来了新的机遇。

1. 远程医疗

远程医疗（telemedicine）是数字技术在医疗领域最显著的应用之一。通过视频通话、移动应用和远程监测设备，医生可以与患者实时沟通并进行诊断，无须面对面就能为患者提供医疗服务。这种方式特别适用于慢性病患者、偏远地区的居民和行动不便的人群。远程医疗不仅节省了患者的时间和交通成本，还提高了医疗资源的利用率。患者可以在家中接受医疗咨询，医生则能够更有效地管理时间，服务更多的患者。此外，远程监测技术使医疗服务更具连续性，患者的健康数据可以实时上传至云端，医生可以随时监控患者的健康状态，及时调整治疗方案。

2. 健康管理与可穿戴设备

可穿戴设备的普及为个人健康管理提供了便利。智能手表、健康追踪器等设备能够实时监测用户的心率、步数、睡眠质量和其他生理指标。这些数据不仅能帮助用户更好地了解自己的健康状况，还能为医疗领域提供宝贵的信息。许多可穿戴设备还具备与手机应用同步的功能，用户可以通过应用程序查看自己的健康数据，设置健康目标和提醒。这种健康管理方式鼓励人们养成良好的生活习惯，增强健康意识。在一些情况下，用户的数据还可以与医生分享，使医生能够根据这些数据为用户提供个性化的健康建议和干预措施。

3. 数据分析与个性化医疗

大数据技术在医疗领域的应用使个性化医疗成为可能。通过对海量医疗数据的分析，医生能够识别疾病的趋势和风险因素，制定更为精准的治疗方案。例如，在癌症治疗中，分析基因组学数据可以帮助医生选择最适合患者的靶向药物，从而提高治疗效果。此外，数据分析可以用于公共卫生管理，通过对疾病传播路径的分析，公共卫生机构能够及时采取干预措施，控制疾病的扩散。例如，在流感季节，通过分析流感病例的地理分布和传播速度，卫生部门可以更好地分配资源和制定预防策略。

4. 人工智能与辅助诊断

人工智能在医疗领域的应用正不断扩大，尤其是在辅助诊断方面。人工智能能够分析医学影像、病历数据和实验室结果，帮助医生快速、准确地做出诊断。例如，在放射学领域，人工智能可以识别CT、MRI等影像中的异常，辅助放射科医生更快地确定病变的位置和性质。人工智能的应用不仅提高了诊断的准确性，还减轻了医生的工作负担，使其能够将更多精力集中在复杂病例和患者沟通上。此外，人工智能可以通过学习优化自身算法，持续提升诊断能力和效率。

5. 电子健康档案与信息共享

电子健康档案（EHR）的普及使患者的医疗信息更加集中。医疗机构通过电子系统记录患者的病史、治疗方案、药物使用等信息，方便医生在后续治疗中快速获取患者的相关历史数据。电子健康档案能够提高医疗服务的连贯性和效率，减少重复检查和错误用药的风险。此外，电子健康档案促进了不同医疗机构之间的信息交流，特别是在急救和转诊时，医生可以及时访问患者的电子健康档案，做出更快速的决策。

6. 医疗供应链管理

数字技术在医疗供应链管理中发挥着重要作用。通过大数据分析和物联网技术，医院能够实时监控药品和医疗器械的库存情况，预测需求波动，优化采购流程。这种智能化的供应链管理不仅提高了资源的利用效率，还降低了医疗成本。例如，使用RFID（射频识别）标签和传感器，医院可以跟踪药品的流通和使用情况，确保药品的安全性和有效性。同时，通过数据分析，医院能够识别常用药品和器械的使用情况，从而制定合理的采购计划，避免库存过剩或短缺。

7. 健康教育与宣传

数字技术可以用于健康教育与宣传，提升公众的健康意识和自我管理能力。通过社交媒体、手机应用和在线课程，医疗机构可以向公众传播健康知识、预防疾病的信息，鼓励公众养成健康的生活习惯。例如，许多医院和健康组织推出了健康管理应用，用户可以通过这些应用获取饮食、运动和心理健康方面的建议。这种数字化的健康教育方式不仅使信息的传播更加广泛和及时，还增加了公众参与健康管理的积极性。数字技术帮助人们更好地管理自己的健康，降低了疾病发生的风险。

数字技术在医疗与健康领域的应用场景丰富多样，包括远程医疗、健康管理与可穿戴设备、数据分析与个性化医疗、人工智能与辅助诊断、电子健康档案与信息共享、医疗供应链管理和健康教育与宣传等，数字化转型正在深刻改变医疗服务的方式。数字技术不仅提升了医疗效率和服务质量，还促进了健康管理的个性化和便捷化。未来，随着科学技术的不断进步，医疗与健康领域将迎来更多的创新与发展，为人类的健康福祉贡献更大的力量。政府、医疗机构和科技公司应共同努力，推动数字技术的广泛应用，实现更高水平的医疗服务和健康管理。

2.5.4 政府与社会服务

在数字经济时代，政府与社会服务领域的转型正受到数字技术的深刻影响。通过应用数字技术，政府能够提高服务效率、增强透明度，并促进公民参与。

1. 电子政务

电子政务（e-government）是数字技术在政府服务中的核心应用，通过互联网和数字平台，政府能够提供更便捷、更高效的服务。公民可以通过政府网站和移动应用程序申请各类许可证、提交税务申报、查询政策信息等，避免了传统线下申请过程中烦琐的流程和时间成本。例如，许多国家和地区已经推出了"一站式"服务平台，整合了多个政府部门的服务，公民在服务平台上即可完成多项事务。此外，电子政务提升了政府服务的透明度，公民可以随时查阅服务进度和处理状态，增强了对政府的信任度。

2. 大数据与决策支持

政府在政策制定和实施过程中面临大量复杂的数据，大数据技术的应用，使政府能够收集、分析和利用各种社会经济数据，从而为政策的制定提供科学依据。通过数据分析，政府可以更好地理解社会需求、评估政策效果，并预测未来发展趋势。例如，在城市规划中，政府可以利用交通流量、人口分布等数据，优化公共设施布局，提升城市管理效率。在公共卫生领域，通过对疾病传播数据的分析，政府能够及时采取措施，防止传染病蔓延。

3. 社会服务平台

数字技术为社会服务领域的创新提供了新机遇。许多政府和非营利组织开发了综合性社会服务平台，为公民提供就业、教育、健康和福利等多方面的服务。通过这些平台，公民可以方便地获得所需的社会服务资源，减少了信息的不对称。例如，某些地区推出了在线社区服务平台，社区居民可以在平台上申请社会救助、了解社区活动、预约医疗服务等。这种集中化的服务模式，不仅提高了服务的可及性，还增强了社区居民的参与感和归属感。

4. 移动应用与公民参与

移动技术的普及为公民参与政府事务提供了便利。政府可以通过移动应用程序，与公民进行互动，收集反馈和建议。许多城市推出了"城市热线"或"公民意见箱"，公民可以通过手机方便地提交问题反馈与建议，增强了政府与公民之间的沟通。此外，政府可以通过移动应用程序收集公民对政策的意见和建议，从而更好地满足公民的需求，并提高政策的接受度和有效性。

5. 数字身份与安全

数字身份管理是政府提供数字服务的重要基础。通过建立安全的数字身份系统，政府可以对访问在线服务的公民进行身份验证。这不仅提高了服务的安全性，还减少了身份盗用和欺诈行为带来的风险。例如，某些国家已经实施了基于区块链技术的数字身份系统，确保身份信息不可被篡改，并保护公民隐私。这样的系统使公民在访问政府服务时，能够放心地共享个人信息。

6. 智慧城市与公共服务

随着物联网和人工智能的发展，智慧城市的概念逐渐兴起。政府可以通过智能传感器和数据分析，实时监控城市的各项服务，如交通、能源和环境等，提升公共服务的效率。例如，智能交通系统可以根据实时交通流量数据，调整信号灯的控制，提高道路通行效率。同时，通过监测环境质量，政府能够及时采取相应措施，改善城市的空气质量，为公民提供更健康的生活环境。

7. 社会保障与福利管理

数字技术为社会保障和福利管理提供了新的解决方案。通过在线平台和移动应用，政府可以更高效地管理社会保障体系，确保资金的合理分配和透明使用。公民可以在线申请福利、查询申请进度，数字技术的应用提升了服务的便捷性和透明度。例如，某些地区的社会保障部门已经建立了统一的在线服务系统，公民只需提供基本信息，便可完成多项社会福利的申请。这种整合化的服务，不仅提高了政府的工作效率，还降低了行政成本。

数字技术在政府与社会服务中的应用场景多种多样，涵盖了电子政务、大数据与决策支持、社会服务平台、移动应用与公民参与、数字身份与安全、智慧城市与公共服务、社会保障与福利管理等多个领域。数字技术不仅提升了政府服务的效率和透明度，还促进了社会福利的改善。在数字经济时代，政府需要不断创新技术，完善数字服务，以便更好地满足公民的需求，推动社会的可持续发展。

2.6 未来数字技术的发展趋势

随着全球数字化进程的不断加快，数字技术已成为推动经济和社会变革的重要引擎。从人工智能到量子计算，未来的技术变革不仅深刻影响着各行各业的运营模式，还改变了我们日常生活的方方面面。

2.6.1 人工智能的进步与影响

1. 深度学习与神经网络的演进

自 2010 年以来，深度学习和神经网络在计算能力和数据集的支持下取得了重大突破。

基于多层感知器、CNN 和递归神经网络等结构的神经网络已经在图像识别、语音识别、自然语言处理等领域大展身手。然而，随着未来数据集复杂性的增加和计算需求的提升，深度学习将朝着以下几个方向发展。

自监督学习：传统的监督学习需要大量标注数据，而自监督学习通过非监督数据的高效利用，显著降低了对标注数据的需求。

少样本学习：解决深度学习模型对大规模训练数据的依赖问题，推动人工智能模型在资源有限的情况下发挥更高效的作用。

2. 边缘计算与人工智能的融合

随着物联网技术的迅猛发展，数据处理逐渐从云端转移到边缘设备上。在未来，边缘计算与人工智能的结合将成为推动智能设备发展的核心动力。边缘设备将具备更多计算和存储能力，从而能够在本地完成复杂的人工智能任务，如实时图像处理、自然语言理解和系统决策支持。未来的应用场景：自动驾驶、智能制造、远程医疗等。

3. 人工智能的社会与经济影响

人工智能在各个行业的应用将带来生产力的显著提升，但也带来了潜在的社会挑战。

就业结构变化：随着自动化和智能化的普及，许多传统岗位可能被机器取代，导致"技术失业"的风险。同时，新的高技能岗位也会随着人工智能的普及而产生。

伦理与责任：人工智能决策的透明性和公正性将成为未来讨论的核心议题，特别是在金融、司法等对社会影响重大的领域。

2.6.2 增强现实与虚拟现实的未来

1. 沉浸式体验的技术升级

增强现实和虚拟现实技术已在娱乐领域取得了一定的突破，未来其应用范围将逐步扩展至教育、医疗、培训和工程设计等多个领域。具体技术的发展趋势如下。

更高的分辨率与更低的延迟：为了提升用户的沉浸感，增强现实和虚拟现实设备将提供更高的图像分辨率和更加实时的交互体验。5G 的普及将极大地降低网络延迟，改善实时远程操作体验。

触觉反馈与交互方式的多样化：未来的增强现实和虚拟现实设备将引入触觉反馈技术，通过感知触感来增强用户体验。同时，手势识别和语音交互将成为主流交互方式。

2. 应用场景的多样化

除了在娱乐和教育领域的应用，增强现实和虚拟现实技术还将在以下领域发挥重要作用。

虚拟会议和远程协作：特别是在全球化的背景下，虚拟现实技术将为分布在世界各地的团队提供高度沉浸式的远程协作平台。

医疗与心理治疗：增强现实和虚拟现实技术已在外科手术培训、心理治疗（暴露疗法）中展现出巨大的潜力。

2.6.3 区块链的演进与应用扩展

1. 从数字货币到智能合约的扩展

区块链最初因比特币等加密货币而备受瞩目，但去中心化、安全透明等特性使其在金融之外的众多领域同样具有广泛的应用潜力。未来，区块链的演进将主要体现在以下几个方面。

智能合约：通过自动执行合同条款，智能合约将彻底改变供应链管理、金融交易等业务流程，显著降低人工干预和信任成本。

去中心化金融（DeFi）：DeFi可替代传统的金融系统，它通过去中心化的方式提供金融服务，打破了传统金融系统对中介机构的依赖。

2. 数字身份与数据隐私的管理

随着数字化生活的深入，个人数据的管理和隐私保护成为公众关注的焦点。区块链提供了一种解决方案，利用去中心化身份管理系统，个人可以控制自己的数据访问权，不再依赖第三方机构存储和管理个人信息。这将有效降低数据泄露的风险，并增强公众对数字经济环境的信任。

3. 区块链在供应链管理中的应用

区块链通过不可篡改和透明化的特性，极大程度地提高了供应链的透明度和可追溯性。这在食品安全、医药供应链等需要严格监管的领域尤为重要。例如，沃尔玛等公司已经通过区块链技术实现了食品溯源，从而快速应对食品安全问题。

2.6.4 物联网与智慧城市

1. 智能家居与智慧城市的普及

物联网技术的发展使设备之间的互联互通成为现实，推动了智能家居和智慧城市的发展。在智能家居领域，设备之间的自动化和协同工作将使生活更加便捷。例如，智能照明、智能恒温器、智能安防系统等设备将通过物联网进行统一管理，提升能源利用效率和生活质量。

在智慧城市方面，物联网将发挥以下关键作用。

智能交通：通过传感器和通信技术，交通信号灯、公共交通工具和车辆之间可以进行实时信息交互，从而优化交通流量，减少拥堵。

城市管理与环境监控：物联网传感器将用于监测空气质量、水资源使用情况、垃圾处理情况等关键环境质量指标，从而帮助城市管理者做出更为精确的决策。

2. 边缘计算与实时分析的融合

物联网设备的数量和数据生成量在迅速增长，将海量数据传输到云端进行处理面临巨大的延迟和带宽压力。因此，边缘计算将成为未来物联网应用的主流。在数据生成的地方（边缘）进行处理和分析，减少了数据对远程数据中心的依赖，增强了实时性和敏捷性。

2.6.5 量子计算的潜力与挑战

1. 量子计算的基础与发展现状

量子计算基于量子力学原理，以量子比特（qubit）为基础进行计算。与传统的二进制计算不同，量子计算能够在更短的时间内解决复杂的计算问题，特别是在大规模数据分析、密码学、药物研发等领域具有潜在的巨大优势。近年来，谷歌、IBM 等科技公司在量子计算硬件和算法开发方面取得了显著进展。虽然目前量子计算仍处于实验阶段，但未来在以下领域的应用前景备受期待。

密码学与网络安全：量子计算的强大计算能力可能威胁到现有的加密技术，但也为未来更强的加密算法提供了新的可能。

药物研发与材料科学：量子计算可以模拟分子结构，为新药研发和材料发现提供前所未有的计算能力。

2. 量子计算的挑战

尽管量子计算具有巨大的潜力，但在实际应用中，它仍面临诸多挑战。例如，量子计算机对外界环境极其敏感，量子比特的纠错和稳定性是目前面临的主要难题之一。此外，量子计算的商业化推广仍需解决硬件成本和可扩展性问题。

2.6.6 元宇宙的未来应用场景

元宇宙（metaverse）是近年来在科技和数字经济领域备受关注的前沿概念。它源于科幻小说中的虚拟世界构想，是一个由虚拟现实、增强现实、区块链、人工智能和物联网等多种数字技术共同构建的、与现实世界相互交互的虚拟空间。在元宇宙中，用户不仅可以参与虚拟活动，还可以通过数字化身进行社交、购物、工作和娱乐。这一虚拟空间具备以下几个重要特点。

沉浸感：用户通过虚拟现实设备（VR 头盔）进入元宇宙，可以获得高度沉浸式的体验，仿佛身处真实的世界中。

持久性与互操作性：元宇宙是一个持续存在的虚拟环境，用户可以随时进入或退出，并且所有的虚拟物品和身份信息都能够跨平台互操作。

去中心化与用户创造：通过区块链和去中心化的架构，用户不仅是元宇宙的参与者，还可以通过自主创造虚拟内容或虚拟资产来影响和建设元宇宙。

元宇宙的出现标志着互联网的下一次演进，从目前的信息互联网（Web 2.0）转向沉浸式的体验互联网（Web 3.0），它将彻底改变用户与数字世界互动的方式。

1. 元宇宙的应用场景

元宇宙不仅是一个虚拟娱乐的空间，它还将在多个行业中得到广泛的应用。

社交互动：元宇宙有可能彻底改变人们的社交方式。用户可以通过数字化身参与社交活动，如举办虚拟聚会、参加虚拟音乐会，甚至在虚拟世界中与全球的朋友实时互动。Meta 的 Horizon Worlds 及微软的 Mesh 平台正积极推动这一方向的发展。

远程工作与协作：由于新冠疫情，远程工作模式的普及让企业开始考虑如何通过元宇宙技术提升远程协作体验。通过虚拟办公室和沉浸式协作工具，元宇宙可以让分布在世界各地的员工在虚拟环境中进行会议、项目协作和培训，这将成为未来办公的常态。

教育与培训：元宇宙将为教育与培训行业带来全新的体验。学生可以通过虚拟现实进入历史场景、科学实验室或外太空等无法在现实中体验的场所进行学习。例如，虚拟解剖学课堂或模拟物理实验室可以为学生提供极具互动性的学习体验。此外，企业可以利用元宇宙进行员工培训，尤其适用于那些涉及危险环境或操作成本高的岗位，如消防演练或工厂设备操作培训。

娱乐与游戏：元宇宙的概念最早在游戏行业获得广泛关注，许多虚拟世界类游戏，如《堡垒之夜》和《罗布乐思》等，已经初步展示了元宇宙的潜力。未来，玩家不仅能够在虚拟世界中进行游戏，还可以与现实世界中的经济体系互动。例如，玩家可以通过元宇宙中的游戏赚钱，购买虚拟物品并进行交易，甚至在虚拟世界中建立自己的虚拟企业。

虚拟经济与电子商务：元宇宙中将存在一个庞大的虚拟经济体，用户可以通过创造、购买和出售虚拟商品获得收入。虚拟地产、虚拟时装、虚拟艺术品等虚拟资产将成为新的投资机会，用户可以通过 NFT 交易平台进行交易。同时，电子商务企业将通过元宇宙提供全新的购物体验。例如，用户可以在虚拟购物中心试穿虚拟服装，并与全球的品牌进行互动。

2. 元宇宙的社会与经济影响

元宇宙的崛起不仅是技术革新，还可能对社会和经济产生深远的影响。

经济模式的转变：元宇宙将带来新的经济模式，如虚拟经济体和数字资产交易。企业可以通过出售虚拟商品、提供虚拟服务来获得收入，创造新的商业机会。同时，用户作为内容创造者和消费者的双重角色，能够通过参与虚拟经济获得实际的收入。

数字身份与隐私保护：在元宇宙中，数字身份将变得更加重要。用户的数字化身、虚拟资产和个人数据都将成为元宇宙的重要组成部分。如何保护数字身份的安全和隐私将成为未来的关键挑战。区块链和去中心化身份管理系统可以为用户提供更多的隐私控制权，但元宇宙中的数据安全问题也将成为需要持续关注的重点。

社交关系与心理健康：元宇宙的虚拟社交环境可能改变人们的社交方式，从而带来心理健康方面的挑战。尽管元宇宙可以为用户提供沉浸式的社交体验，但在虚拟世界中社交关系的构建方式可能与现实生活有所不同，导致用户在现实社交中出现疏离感和过度依赖虚拟世界的心理问题。

监管与法律问题：元宇宙的虚拟经济与社会活动如何受到监管是一个新的课题。例如，虚拟资产的所有权、虚拟犯罪的定义、知识产权的保护等问题将在元宇宙中变得更加复杂。这就要求各国政府和国际机构制定新的法律框架和监管机制，以应对元宇宙带来的新挑战。

2.6.7 可持续技术的发展与未来趋势

1. 数字技术在绿色经济中的作用

随着全球气候变化问题的日益严峻，数字技术成为未来发展的重要方向。数字技术可以通过优化资源利用和提高能源效率，为绿色经济做贡献。例如，数据中心的能源消耗是全球电力消耗的重要组成部分，未来的数字技术将致力于提高数据中心的能效，减少碳排放。

2. 绿色技术与数字创新的结合

未来，数字技术与绿色技术的结合将为可持续发展提供新的解决方案。通过智能电网、可再生能源管理和能源存储技术，数字技术将优化能源的生产、分配和消费。特别是在"碳中和"目标的驱动下，数字技术将成为推动绿色经济转型的重要力量。

未来，数字技术的发展将朝着智能化、互联化与可持续化的方向迈进。人工智能、增强现实、物联网、区块链、量子计算等技术将持续推动产业变革，并为社会带来前所未有的机遇和挑战。同时，随着数字技术的广泛应用，我们需要密切关注其对社会、经济和环境的深远影响。通过技术创新和政策引导，全球将进入一个更加智能、高效且可持续的数字经济新时代。

案例：蚂蚁集团的区块链技术应用

随着全球数字经济的快速发展，数字技术在各行各业中得到了广泛应用。从金融到物流、从医疗到制造业，数字技术正在深刻改变着传统的商业模式和产业链。其中，区块链作为一项具有颠覆性潜力的技术，在金融服务领域展现出巨大的创新和变革的潜力。下面将通过蚂蚁科技集团有限公司（简称"蚂蚁集团"）在区块链领域的应用，探讨数字经济创新的实际案例。

一、背景与公司简介

蚂蚁集团是中国领先的金融科技公司，旗下拥有支付宝等数字支付和金融服务平台。蚂蚁集团的核心业务包括数字支付、数字互联、数字金融、数字科技和全球化等多个领域，其数字技术创新一直走在行业前列。近年来，区块链作为一种去中心化、安全性高、透明度强的分布式账本技术，在蚂蚁集团得到了广泛应用。

在全球范围内，区块链在金融服务领域的应用主要集中于提升交易效率、降低运营成本、强化数据安全和信任机制等方面。蚂蚁集团基于区块链，构建了一套开放、透明、高效的金融和商业生态系统，解决了许多传统金融服务中的痛点问题。

二、案例分析：区块链在跨境汇款中的应用

1. 传统跨境汇款的痛点

在传统跨境汇款业务中，用户面临多种挑战。首先，跨境汇款的时间成本较高，资金通常需要几天才能到账。其次，手续费昂贵，汇率波动也给用户带来额外的费用。此外，跨境汇款涉及多个中介银行，导致流程复杂且透明度不足。对于小微企业和个人用户而言，跨境汇款的高昂成本与低效率限制了其在国际市场

中的竞争力。

2. 区块链的解决方案

为了应对这些问题，蚂蚁集团推出了基于区块链的跨境汇款解决方案。其区块链技术平台"蚂蚁链"通过分布式账本记录跨境汇款数据，提升了跨境汇款的透明度和可追溯性，极大地简化了跨境汇款流程，缩短了资金流转时间。该解决方案的优势如下。

去中介化：通过区块链去中心化的特点，减少了跨境汇款中的中间环节，大幅降低了手续费和操作成本。

实时结算：利用区块链的实时结算特性，使跨境汇款能够在几分钟内完成，极大地缩短了汇款时间。

汇款安全性：区块链技术具有高度的加密性和不可篡改性，确保了跨境汇款的安全性和透明度。

高效合规：区块链技术的透明性有助于提高跨境汇款过程中的合规性，减少洗钱和恐怖融资的风险。

3. 实践中的应用

蚂蚁集团的区块链跨境汇款服务最早在东南亚市场落地。以香港到菲律宾的跨境汇款服务为例，用户可以通过蚂蚁集团的合作伙伴，如支付宝香港（AlipayHK）和菲律宾的 GCash 平台，使用区块链实现快速、低成本的跨境汇款。这一服务不仅降低了菲律宾务工人员向家乡汇款的费用，还解决了以往时间延迟导致的资金到位不及时的问题。

通过区块链的赋能，跨境汇款的全流程变得更加透明和高效。用户在发起汇款的同时，能够实时追踪资金流向，确保资金能够顺利到达收款人账户。蚂蚁集团的区块链跨境汇款服务不仅提升了用户体验，还大幅降低了跨境汇款中的金融风险。

三、区块链的商业生态系统拓展

除了跨境汇款，蚂蚁集团的区块链还广泛应用于供应链金融、商品溯源等多个领域，进一步丰富了其数字经济的商业生态系统。

1. 供应链金融

在供应链金融中，中小企业通常面临融资困难的问题，特别是在信用信息不足和风险难以评估的情况下，传统银行对于这类企业的贷款审批过程往往非常严格且耗时。蚂蚁集团通过区块链构建了一套供应链金融平台，利用区块链的分布式账本特性，记录企业的交易行为和信用历史，降低了企业与银行间的信息不对称，使供应链中的中小企业能够更便捷地获得融资。

具体来说，蚂蚁链平台将上下游供应商、银行和金融机构连接在一起，通过透明的链上记录让银行能够更精准地评估企业的信用风险,从而加速贷款审批过程。此举有效提高了资金周转效率,减少了企业的融资成本。

2. 商品溯源

商品溯源也是区块链的一个重要应用场景,特别是在食品、药品等需要高度质量管控的行业。蚂蚁链平台通过为每个商品分配唯一的区块链标识,记录从生产、运输到销售的全链条数据,消费者可以通过扫描二维码,实时查看商品的来源和流通信息。这种透明的溯源机制不仅提升了消费者对产品的信任度,还帮助企业更好地管理供应链。

四、对数字经济创新的启示

蚂蚁集团的区块链应用案例为数字经济创新提供了重要启示。在数字经济时代,技术的创新不仅是技术本身的提升,更是对商业模式、行业结构和用户体验的全面变革。通过区块链,蚂蚁集团为跨境汇款、供应链金融和商品溯源等场景提供了高效、安全的解决方案,推动了传统金融行业的数字化转型。

这一案例表明,数字技术的创新应用需要紧密结合实际需求,找到技术与业务场景的最佳契合点。在数字经济快速发展的背景下,企业需要持续探索数字技术的边界,创新商业模式,提升市场竞争力。同时,数字技术的创新离不开政策和监管的支持,特别是在金融科技领域,如何平衡创新与合规之间的关系,也是企业在推动数字经济发展的过程中需要面对的重要课题。

蚂蚁集团基于区块链的跨境汇款、供应链金融和商品溯源等应用,展示了在数字经济背景下数字技术创新的巨大潜力。通过提升交易效率、降低成本和增加透明度,蚂蚁集团不仅推动了自身的业务增长,还为数字经济的发展贡献了创新方案。在未来,随着数字技术的进一步成熟,类似的创新案例将会在更多行业和领域涌现,成为推动全球数字经济持续发展的重要力量。

参考文献

[1] BRYNJOLFSSON E, MCAFEE A. The Second Machine Age: Work, Progress, and Prosperity in a Time of Brilliant Technologies[J].Business Horizons, 2014, 57(5): 685-688.

[2] TAPSCOTT D, TAPSCOTT A. Blockchain Revolution: How the Technology Behind Bitcoin Is Changing Money, Business, and the World[M].New York: Penguin Random House, 2016.

[3] PORTER E, HEPPELMANN J E. How Smart, Connected Products Are Transforming Competition[J].Harvard Business Review, 2014, 92(11): 141.

[4] GUO B, WANG Y, ZHANG H, et al. Impact of the Digital Economy on Highquality Urban Economic Development: Evidence from Chinese Cities[J].Economic Modelling, 2023, 120: 106-194.

[5] VARIAN H. Computer Mediated Transactions[J].The American Economic Review, 2010, 100(2): 1-10.

[6] ZHENG Z, XIX S, DAI H, et al. An Overview of Blockchain Technology: Architecture, Consensus, and Future Trends[J].IEEE Computer Society, 2017: 557-564.

[7] XU M,CHEN X, KOU G. A Systematic Review of Blockchain[J].Financial Innovation, 2019, 5(1): 1-14.

[8] LI Y,ZHENG J. Application of Blockchain Technology in Supply Chain Finance: A Case Study of Ant Financial[J].Journal of Financial Innovation, 2021, 8(2): 185-204.

[9] SONG L. Case Study of Ant Group's "Double Link" Financing Based on Blockchain Technology[J].Procedia Computer Science, 2023, 228: 1092-1100.

第3章

数字创新思维

3.1 创新思维与方法

全球经济数字化的趋势日益明显,数字经济作为新兴的经济形态,不仅通过大数据、云计算、人工智能等技术推动产业转型,还在商业模式、组织结构等方面带来颠覆性变革。创新思维在这种环境下显得尤为重要,是国家和企业在数字化浪潮中保持竞争优势的关键。根据麦肯锡的研究,到2030年,数字化转型预计将为全球经济贡献超过10万亿美元的产值,特别是在金融、制造、零售、医疗等领域。创新不仅需要技术突破,还需要在思维方式、商业模式和产业协作层面展开全面创新。因此,构建一个适应数字经济时代的创新思维与方法的研究框架,具有极高的实践意义与理论价值。

3.1.1 数字经济背景下的创新需求

1. 数字技术驱动的创新需求

数字经济的核心动力来源于以互联网、物联网、大数据、人工智能为代表的先进信息技术。与传统经济相比,数字经济具有以下几个关键特征。

全球化与互联互通:数字技术消除了时空界限,企业和用户可以通过互联网进行全球范围内的互动与交易。

数据密集型:数据已成为数字经济的关键生产要素之一,通过数据的收集、分析与应用,企业能够精确定位用户需求,优化产品与服务。

智能化:通过人工智能和机器学习技术,企业可以在生产、运营和服务过程中实现自动化与智能化,提升效率与创新能力。

这些特征带来的创新需求表现如下:如何在更大范围内获取、整合和利用数据,如何推动智能化技术与现有业务的深度融合,以及如何通过技术手段提升用户体验和市场反应速度。

2. 经济模式转型带来的创新需求

数字经济不仅体现在技术升级上,还要求商业模式、市场结构、产业协作的变革。新兴的商业模式,如平台经济、共享经济、零售业的"新零售"模式等,均依赖数字技术与创新思维的结合。

以共享经济为例，Uber、Airbnb 等平台通过数字化平台连接供需双方，打破了传统行业的垄断地位，实现了资源的更高效配置。这种创新不仅需要技术支持，还依赖全新的市场逻辑与用户思维。因此，企业在数字经济下的创新，不仅要关注技术，还要关注经济模式与市场环境的深层次转型。

3.1.2 数字经济背景下的创新思维核心要素

1. 开放式创新：打破边界，合作共赢

开放式创新是一种新的创新范式，强调企业不再仅依赖内部资源进行创新，而是通过开放的合作、技术共享、用户参与等方式，整合外部资源，形成创新生态。在数字经济时代，开放式创新尤为重要。例如，华为通过开放的技术标准与全球研发合作网络，吸引了全球范围内的合作伙伴与开发者参与其中，形成了庞大的创新生态系统。开放式创新的实现方式包括以下几种。

技术合作：企业与外部科研机构、高校合作，共同推动前沿技术的研发与应用。

创新社区与平台：开源社区、技术论坛、开发者大会等为开放式创新提供了交流与合作的平台。例如，Linux、GitHub 等平台通过全球开发者的共同贡献，不断推动技术迭代与创新。

用户共创：在产品开发过程中，企业可以通过社交媒体、众包平台等渠道吸引用户参与产品设计与测试。这种模式不仅降低了企业的创新成本，还提升了用户的参与感和忠诚度。

2. 用户中心思维：从产品驱动到用户驱动

在数字经济中，用户需求变得更加复杂且多样化。企业要想在激烈的竞争中脱颖而出，必须从用户需求出发进行创新设计。传统的"产品驱动"模式已经无法适应快速变化的市场环境，转向"用户驱动"模式成为数字经济创新的重要策略。

用户中心思维的实现依赖数据的获取与分析。通过大数据和人工智能技术，企业能够深入了解用户的行为与偏好，进而为用户提供个性化的产品与服务。例如，亚马逊通过对用户历史购买记录、浏览行为等数据进行分析，向用户推荐个性化的产品，极大提升了用户的满意度，促进了销售额的增长。

3. 系统思维：全局视角下的创新优化

系统思维强调从整体和长远的角度出发，分析创新过程中各个要素之间的相互关系与作用机制。数字经济时代的创新不再只是技术的升级，而是涵盖技术、管理、市场、政策等多个维度的综合创新。例如，在智能制造领域，德国提出的"工业4.0"战略不仅关注自动化技术的进步，还强调企业间数据流、生产链条的系统性整合，推动了整个制造业的数字化转型。

4. 实验思维：快速试错，持续迭代

在快速变化的数字经济中，创新活动面临高度的不确定性。实验思维是应对这种不确定性的一种重要方式，它通过小规模的实验与快速迭代，帮助企业在较低风险的情况下验证创新想法。这种模式在科技行业尤其常见。谷歌等科技巨头通过推出"测试版"产品，

快速收集用户反馈并进行迭代优化。例如，谷歌的搜索引擎算法会不断进行微小的调整，通过用户使用行为的数据反馈来改进算法，从而保持其技术领先地位。

实验思维的核心是通过快速试错、反馈与改进的循环，帮助企业在动态的市场环境中找到最优的创新路径。这一理念与敏捷方法、精益创业等方法密切相关，已广泛应用于软件开发、互联网产品设计和新业务模式的探索中。

3.1.3 数字经济背景下的创新方法

创新思维的实际应用离不开具体的研究方法。在数字经济中，以下几种方法能够有效地推动创新活动的开展。

1. 大数据驱动的创新分析方法

大数据分析技术是数字经济中推动创新的重要工具之一。通过对大量数据的收集和分析，企业能够准确把握市场动态和用户需求，发现潜在的创新机会。例如，通过对用户社交媒体行为的分析，零售企业可以准确预测用户的购买意图，并提前进行产品设计和市场营销的创新。

数据驱动的创新方法主要包括以下几种。

数据挖掘：通过对历史数据的深入分析，挖掘出隐藏的趋势和规律，为产品的创新提供支持。

预测分析：利用机器学习和人工智能，对未来市场需求和用户行为进行预测，从而提前部署创新战略。

用户画像：通过对用户的行为、偏好等数据的分析，形成精准的用户画像，帮助企业设计出更加符合用户需求的个性化产品。

2. 设计思维：从共情到解决问题

设计思维是一种以人为中心的创新方法，强调通过共情来理解用户的需求，并通过创造性的解决方案满足这些需求。在数字经济中，设计思维能够帮助企业从用户角度出发，优化产品设计和服务流程。

设计思维的核心流程包括以下几点。

共情：深度理解用户的痛点与需求，通过观察、访谈等方式收集用户的实际反馈。

定义问题：根据共情阶段获得的信息，准确定义问题。

头脑风暴：鼓励团队成员针对这些问题提出多种解决方案，解决方案不拘泥于现有的框架和限制。

原型设计：快速设计原型并测试，以低成本验证解决方案的可行性。

测试：将原型交付用户进行测试，收集用户反馈并不断改进。

例如，在苹果公司的产品开发过程中，设计思维贯穿始终，核心理念是"从用户出发，而非从技术出发"，这也是其产品能够获得用户高度认可的关键原因。

3. 敏捷方法：快速响应市场变化

敏捷方法源于软件开发领域，强调通过短期迭代循环，快速测试并改进创新产品。与传统的"瀑布式"开发方法不同，敏捷方法更加灵活，能够快速响应市场变化。

敏捷方法在数字经济中的应用已不再局限于软件开发，而是广泛应用于各类创新项目。例如，拼多多通过敏捷方法，在电商领域快速崛起，通过快速迭代、用户反馈优化，及时调整产品策略和平台功能，实现了销售额的高速增长。

4. 多学科交叉创新：整合知识与资源

数字经济中的创新往往需要不同学科的知识交叉融合。例如，物理学与计算机科学结合催生了量子计算技术，医学与人工智能结合带来了精准医疗的突破。多学科交叉创新强调打破专业壁垒，通过不同领域的合作与交流，催生出全新的创新领域和技术应用。例如，深圳华大基因股份有限公司通过生物科技与信息技术的结合，在基因组学领域实现了多个创新突破，成为全球基因检测行业的领导者。

5. 阿里巴巴的数字创新思维与方法的应用

阿里巴巴作为中国最大的电商平台之一，在数字经济创新上有诸多成功案例。例如，其"新零售模式"就是通过线上与线下的融合，利用大数据和云计算，精准分析用户需求，提升了用户的购物体验。

开放式创新：通过构建数字化供应链平台，阿里巴巴吸引了大量的第三方零售商、物流公司和技术服务提供商，形成了一个庞大的创新生态系统。例如，阿里巴巴与各大零售商合作，将大数据分析技术应用到实体店的库存管理、促销活动等环节，提升了整个供应链的运作效率。

用户中心思维：阿里巴巴通过对用户消费数据的深入分析，能够准确捕捉用户的购物行为与偏好，提供高度个性化的推荐服务。例如，天猫平台会根据用户的浏览记录和购买记录，动态调整首页展示的商品，从而增加用户购买的可能性。

系统思维：阿里巴巴的新零售模式不仅仅是对线上线下资源的简单整合，更是通过系统化的数字技术和流程设计，实现商品流通、用户体验、物流配送和供应链管理等各环节无缝对接。用户在天猫平台上下单后，菜鸟网络进行自动化的物流配送，极大缩短了商品的送达时间。

实验思维：阿里巴巴不断通过试点和数据反馈优化其新零售模式。早期的"盒马鲜生"就是一个实验项目，它结合了线下实体超市和线上平台的特点，通过实时数据分析、智能仓储、无人配送等技术手段优化供应链和物流，最终得以在全国推广。

这些成功的数字创新思维与方法不仅帮助阿里巴巴扩大了市场份额，还推动了中国零售行业的数字化转型。

3.2 设计思维与敏捷方法

当前，数字经济迅猛发展，企业面临着市场需求变化快速、竞争激烈等挑战，传统的产品开发模式已无法满足用户的需求。设计思维与敏捷方法作为现代产品创新的重要方法论，逐渐受到企业的重视。设计思维强调以用户为中心，通过深入理解用户需求，创造出符合市场期望的产品；而敏捷方法则通过快速迭代与反馈，提升产品开发的灵活性与响应速度。结合这两种方法，企业能够更好地适应快速变化的市场环境，推动创新。

3.2.1 设计思维概述

1. 设计思维的定义

设计思维是一种解决问题的方法，强调在设计过程中的创造性和灵活性。其核心在于通过深入理解用户的需求，进行迭代与反馈，从而找到最佳设计方案。设计思维不再限于设计领域，而是广泛应用于产品开发、服务设计、业务创新等多个领域。

2. 设计思维的阶段

（1）同理心

同理心（empathy）阶段是设计思维的起点，目的是深入了解用户的需求、情感和痛点，从而实现对其全面且深入的理解。此阶段的核心在于设身处地地站在用户的角度去思考，确保后续的设计能够真正解决用户的问题。同理心阶段的常见步骤如下。

用户访谈：与用户进行一对一的深度访谈，获取他们的真实想法、动机和行为习惯。该步骤的关键在于提出开放性问题，引导用户自然地讲述他们的经历。

观察：在实际场景中观察用户如何使用现有的产品，发现他们在此过程中面临的不便。非语言的行为线索，如表情、肢体动作等，也可以透露出用户未曾直接表达的情感。

用户体验地图：绘制用户在使用产品时的完整体验路径，标记出用户在哪些步骤中感到困惑或不满，从而改进设计。

例如，在开发一款新的教育软件时，通过采访老师和学生，观察他们日常如何使用现有的教育工具，设计团队能够识别出他们在使用过程中的最大痛点，如操作复杂或功能不符合教学需求。

（2）定义

定义（definition）阶段是将同理心阶段收集到的所有信息进行归纳、整理，并转化为明确的设计目标。通过清晰地定义问题，设计团队可以将精力集中在用户的核心需求上，避免设计偏离目标。定义阶段的常见步骤如下。

信息整理：对收集到的用户数据进行分类并分析，找出共性问题和反复出现的需求。

问题陈述：将用户的核心需求总结成简洁明确的设计问题。例如，"我们要开发一个新的教育软件"可以定义为"如何帮助中学生在没有老师指导的情况下高效完成作业"。

设计目标设定：根据问题陈述，确定可实现的设计目标。这些设计目标应该具体、可衡量，并与用户的实际需求紧密相关。

例如，如果通过访谈发现教师在备课过程中需要花费大量的时间筛选适合学生的题目，那么问题陈述可能变为"如何设计一款能够自动为教师筛选题目的工具，从而减轻教师的备课负担"。

（3）构思

构思（construct）阶段是设计思维过程中最具创造力的部分，团队需要集思广益，提出尽可能多的创意和方案。在这一阶段中，所有想法都可以提出来，不管它们看起来有多么不切实际。该阶段的目标是打破思维局限，创造更多可能性。构思阶段的常规步骤如下。

头脑风暴：通过无评判的头脑风暴活动，鼓励团队成员尽情发散思维。每个人都可以提出想法，不论这些想法有多新颖或激进。此阶段不做评判，目的是生成尽可能多的创意。

收敛：通过分析和讨论将最有潜力的方案筛选出来。在这一过程中，设计团队可能需要结合技术可行性、用户反馈等因素，对方案进行初步评估和筛选。

构思工具：可利用如思维导图、SCAMPER（替代、合并、调试、修改、其他用途、消除、反向等）等工具，帮助更系统化地发掘创意。

例如，在教育软件的开发中，团队成员可能会构思出多个功能，如个性化学习路径、即时反馈、游戏化激励等，为接下来的原型阶段奠定基础。

（4）原型

原型（prototype）阶段的目标是将构思阶段选出的创意转化为实物模型或视觉表现，供团队成员和用户评估。原型可以是简单的手绘草图、交互式模型，甚至可以是功能较简陋的测试版软件。通过快速构建和迭代原型，设计团队可以较早发现问题并进行调整。原型阶段的常规步骤如下。

低保真原型：可以是纸质模型、线框图或简单的流程图，用来测试设计概念的整体方向。这种原型通常成本较低，制作速度快，适用于早期验证。

高保真原型：当低保真原型通过验证后，设计团队可以制作更接近实际产品的原型，如使用 UI 设计工具创建交互式界面模型，或开发一个带有基础功能的 MVP（最小可行产品）。

快速迭代：通过原型展示用户交互方式和产品功能，快速收集反馈并改进。原型阶段的核心理念是"做中学"，通过不断测试和迭代来优化设计。

例如，教育软件的原型可能首先是一张简单的用户界面草图，展示主要的功能模块；之后升级为一个交互式的网页模型，允许用户体验主要功能，如题目筛选和反馈机制。

（5）测试

测试（test）阶段是将原型交给实际用户进行使用，并收集他们的反馈。这是验证设计是否真正解决了用户问题的关键阶段。通过用户反馈，设计团队能够识别原型中的缺陷或不足，并进一步优化设计方案。测试阶段的常规步骤如下。

用户反馈收集：邀请目标用户使用原型，观察他们的使用行为，了解他们对产品使用体验的整体感受，并收集他们的直接反馈。这些反馈可以来自用户的言语表达和非语言行为。

问题分析：根据用户在测试中的表现，分析出哪些功能设计合理，哪些功能需要进一步优化。例如，用户是否找到了预期的功能？交互是否流畅？功能是否达到了他们的期望？

迭代优化：根据测试结果，对原型进行调整。测试和迭代通常是一个循环过程，设计团队可以通过不断地测试和优化，逐渐逼近最终的设计方案。

例如，在测试教育软件时，学生和老师的反馈可能包括某些功能不够直观，或某些反馈机制没有激励作用等。根据这些反馈，设计团队可以进行界面调整或功能改进。

3. 设计思维的工具与方法

（1）用户画像

用户画像（persona）即创建典型用户角色，帮助团队理解目标用户的需求与行为。用户画像是一种将抽象用户群体具象化的工具，通常通过基于调查、用户访谈、数据分析等方式，建立一个或多个虚构的"典型用户"。它不仅包含人口统计特征，还包括用户的行为特征、需求和目标、痛点和障碍等。用户画像的构建要素如下。

人口统计特征：如年龄、性别、收入、职业、教育背景等。

行为特征：他们如何使用产品？使用频率是什么？

需求和目标：他们使用产品的主要目的是什么？他们的需求是什么？

痛点和障碍：他们在使用产品时遇到的主要问题是什么？

用户画像帮助设计团队"换位思考"，站在用户角度考虑问题，确保设计方案能够真正满足用户需求。它还能提供一个清晰的参考框架，使团队成员在设计过程中始终保持一致的用户导向。

例如，在设计一款金融管理应用时，设计团队可以创建多个用户画像，如"年轻职场新人""年长投资者"等，通过了解不同用户群体的需求和痛点，设计适合他们的界面和功能。

（2）旅程地图

旅程地图能可视化用户在使用产品过程中的每个接触点，识别用户痛点与改进机会。旅程地图是一种从用户视角出发，记录其与产品互动全过程的工具。通过跟踪用户的行为、情感、期望和痛点，旅程地图能够帮助团队发现用户体验中的问题区域，明确用户体验中的关键接触点。其构建过程如下。

确定用户角色：明确用户群体和其典型行为。

划分阶段：将用户与产品的互动过程划分为不同阶段（认知、选择、使用、支持等）。

描绘用户行为：记录用户在每个阶段所做的事情、使用的工具和接触的渠道。

情感体验：标注用户在每个阶段的情感反应，是正面的还是负面的。

痛点与机会：识别用户情感体验中的问题，标注改善体验的机会。

旅程地图不仅可以帮助设计团队了解用户在使用产品过程中的完整体验，还可以揭示用户与产品交互过程中的情感波动和痛点。设计团队可以利用这些信息进行产品优化，改善用户体验，增加用户忠诚度。

例如，一家电商平台可以绘制用户从搜索产品、下单、支付到收货的完整旅程，通过发现哪些环节容易导致用户放弃购物（烦琐的支付流程或缺乏物流信息），优化相应的环节。

（3）头脑风暴

头脑风暴（brainstorming）是一种集合集体创造性思维的方法，鼓励团队成员在无评判的环境中提出创意。它强调通过不受限制的思维发散，在没有评判的环境中，让每位参与者自由提出尽可能多的想法。头脑风暴的基本原则如下。

禁止评判：在提出想法的过程中，任何形式的评判都应该被禁止，鼓励团队成员自由发言。

数量优先：强调创意的数量，多提出想法，不限制创意的合理性。

鼓励奇思妙想：创新往往来源于不寻常的想法，因此团队成员应被鼓励提出大胆、奇怪的想法。

组合与改进：后续可以在已有想法的基础上进行组合或改进，形成新的设计方案。

头脑风暴的目的是激发创意，尤其适用于需要快速解决问题或寻找新的解决思路的场景。通过集思广益的方式，设计团队往往可以发现此前未曾想到的解决方案。

例如，一家科技公司在设计新的智能硬件产品时，可以通过头脑风暴会议收集创意，从产品外观设计到功能创新，最终选择最有潜力的创意进行后续的开发与测试。

（4）设计冲刺

设计冲刺是一种快速解决问题并验证设计方案可行性的方法，通常在 5 天内完成。该方法由谷歌风投发明，它通过快速进行原型设计和用户测试，帮助团队在短时间内验证设计方案，避免长期开发中方向错误的风险。典型的设计冲刺 5 天流程如下。

第 1 天，了解问题：团队定义问题，明确目标，收集相关背景信息，并讨论用户需求。

第 2 天，提出解决方案：团队成员利用头脑风暴等方法提出多种潜在的解决方案。

第 3 天，决策与原型设计：团队选择最有潜力的解决方案，并开始设计初步的原型。

第 4 天，原型构建：将选择的解决方案转化为可测试的原型，确保团队成员能够进行验证。

第 5 天，用户测试：目标用户对原型进行测试，设计团队可以收集用户反馈，以此验证设计方案的有效性，并为后续迭代提供依据。

设计冲刺的最大优势在于其快速迭代的特点，它能够在短时间内找到并验证设计方案的可行性，减少开发资源的浪费。通过早期的用户测试，设计团队能够迅速发现问题并调整策略。

例如，一家初创公司希望推出一款移动应用，在产品开发初期通过设计冲刺快速测试了该移动应用不同的功能界面设计和用户体验，最终，他们根据用户反馈做出了重要的功能调整，并确定了该移动应用的核心功能。

3.2.2 敏捷方法概述

1. 敏捷方法的定义

敏捷方法（agile development）是一种灵活的软件开发方法，强调通过快速迭代与持续反馈来适应软件的需求变化。其核心价值观体现在《敏捷宣言》中，强调个体和互动、工作的软件、客户合作和响应变化的重要性。

2. 敏捷方法的具体方法

（1）Scrum

Scrum 是一种以迭代为基础的敏捷方法，主要角色包括产品负责人、Scrum 专家和开发团队，核心活动包括冲刺规划会、每日站立会和冲刺回顾会。Scrum 强调通过短周期（一般为 2～4 周）的冲刺交付可工作的产品增量。它强调三个核心角色：产品负责人负责定义需求并优先排序；Scrum 专家作为团队的教练，确保流程顺利进行；开发团队负责自我组织并交付可工作的产品增量。项目的管理通过定期的冲刺来推进，每个冲刺周期通常为 1～4 周，结束时团队交付可测试的产品功能。Scrum 方法的工作方式包括几个关键会议，如冲刺规划会（确定冲刺的目标和任务）、每日站立会（短期同步和问题解决）、冲刺评审会

（展示工作成果并收集反馈），以及冲刺回顾会（反思改进团队工作）。Scrum 方法有助于设计团队灵活适应需求变化，并通过持续反馈和改进不断优化产品。Scrum 方法的核心在于透明性、检验性和适应性，帮助设计团队在不确定性中灵活调整并快速响应。

（2）Kanban

Kanban 是一种帮助设计团队更高效管理任务的敏捷方法，其核心在于可视化工作流程、限制在制品（WIP）数量，并强调持续改进。可视化工作流程，即通过在看板上展示任务的不同阶段（待办、进行中、完成），设计团队可以清楚地看到任务的进展，及时调整优先级和资源分配。限制在制品数量，即设计团队设定每个工作阶段中可同时进行的任务数量，避免同时处理过多的任务，提升专注度和效率，确保工作流程的顺畅。持续改进，即通过定期回顾流程、分析瓶颈和优化步骤，设计团队能逐渐提高效率，灵活应对变化。整体来说，Kanban 简化了任务管理过程，帮助设计团队以一种可视化和灵活的方式优化工作流程。

3. 敏捷方法的实施步骤

敏捷方法的实施通常包括以下步骤。

（1）需求收集与优先级排序

需求收集与优先级排序是通过与用户的沟通，收集需求并按照优先级进行排序，确保设计团队首先交付最具价值的功能。在敏捷方法中，需求收集是一个与用户密切沟通的过程。设计团队通过与用户讨论，收集所有可能的功能需求。这些需求会根据业务目标、用户价值和可行性进行优先级排序。产品负责人通常负责确定哪些需求最具价值，优先交付能够为用户和业务带来最大效益的功能。这种优先级排序使设计团队能够灵活应对需求的变化，确保开发方向始终与用户的核心需求保持一致。

（2）迭代与增量开发

设计团队按照设定的迭代周期进行开发，每个迭代交付可工作的产品增量，并通过用户反馈进行调整。敏捷方法采用迭代与增量的方式进行开发，每个迭代（通常为 1～4 周）集中精力交付一个可工作的产品增量。在这个周期内，开发团队会专注于开发高优先级的功能，逐步完善产品。每个迭代结束后，设计团队交付的软件增量能够用于实际操作和测试，确保新功能可以逐步叠加到已有的产品中。与传统的大型项目开发不同，敏捷方法强调通过小步快跑的方式，不断增加产品功能，快速获得用户反馈。

（3）定期的站立会与回顾会

设计团队在每日站立会中分享工作进展与遇到的障碍，定期回顾，总结经验教训，优化工作流程。每日站立会是敏捷方法中的一种短时同步会（通常不超过 15 分钟），团队成员在会上简要分享自己前一天完成的工作、当日的计划以及遇到的障碍。这有助于设计团队保持高效沟通，快速解决问题，保证项目的持续推进。每个迭代结束后，设计团队会召开回顾会，反思整个开发过程中的成功之处和不足之处。通过总结经验教训，设计团队能够改进工作流程，提升下一次迭代的效率和质量。

（4）交付可工作的产品与用户反馈循环

每次迭代后，设计团队将可工作的产品交付给用户，收集用户反馈以便后续改进。这个产品通常涵盖了若干已完成的高优先级功能，并且是可操作的。通过让用户尽早使用产品，设计团队能够收集到及时的反馈，了解功能的实际表现和用户的需求是否发生变化。根据用户的反馈，设计团队会在后续的迭代中进行功能优化和调整。这样，敏捷方法不仅能快速满足用户需求，还能灵活应对市场变化，持续优化产品。

3.2.3 设计思维与敏捷方法的结合

1. 设计思维与敏捷方法的互补性

设计思维与敏捷方法在多个方面具有互补性。在理念层面上，设计思维强调以用户为中心和创造性，而敏捷方法则关注快速迭代与适应变化。在需求理解上，设计思维提供了一种深入理解用户需求的框架，而敏捷方法则通过快速迭代确保这些需求在开发过程中的持续反馈。在创新思维上，设计思维鼓励设计团队跳出传统思维框架，寻找多种解决方案，而敏捷方法的迭代过程为创新提供了实践的平台。两者结合，能够提升产品开发的效率与质量。

2. 结合的框架与流程

结合设计思维与敏捷方法的框架可分为以下步骤。

前期准备：在项目启动阶段，设计团队通过设计思维的同理心阶段进行用户调研，明确目标用户及其需求。

问题定义：通过定义阶段，设计团队明确项目目标，并制定相应的敏捷方法计划。

构思与原型：在构思阶段，设计团队利用设计思维的方法进行头脑风暴，生成多种创意，并创建初步原型。

迭代开发与测试：将设计思维的原型测试与敏捷方法的迭代过程相结合，通过用户反馈优化产品。

3. 实际应用分析

Spotify：作为一家音乐流媒体服务提供商，Spotify结合设计思维与敏捷方法，通过用户数据分析与反馈，持续优化产品。Spotify的"Squad"团队采用敏捷方法模式，快速迭代，同时利用设计思维进行用户体验的设计，从而提供更符合用户需求的产品。

某软件开发公司：该公司在实施敏捷方法时，缺乏设计思维的用户调研，导致最终产品与用户需求严重脱节，用户反馈不佳，项目最终失败。该案例强调了在敏捷方法中引入设计思维的重要性。

3.2.4 设计思维与敏捷方法在实施中的挑战

1. 文化与组织结构的挑战

文化障碍：传统企业文化往往重视计划与控制，这种企业文化可能对敏捷方法与设计思维的实施造成阻碍。缺乏创新文化的企业难以有效实施设计思维与敏捷方法。

组织结构：过于复杂的组织结构会导致决策缓慢，影响设计团队的灵活性与响应速度。对于文化与组织结构带来的挑战，企业可以通过以下两个措施应对：建立开放与协作的企业文化，鼓励员工参与创新过程；优化组织结构，形成跨职能团队，以便快速响应市场变化。

2. 技能与培训的挑战

技能缺口：团队成员可能在设计思维或敏捷方法方面缺乏必要的技能，影响项目的实施效果。

培训不足：许多企业在导入新方法时，未进行足够的培训。

对于技能与培训带来的挑战，企业可以通过以下两个措施得以改善：针对团队成员进行设计思维与敏捷方法的培训，提高专业技能；建立知识共享平台，促进团队内部的学习与交流。

3. 用户参与与反馈的挑战

用户参与不足：在设计与开发的过程中，用户的参与可能不够积极，影响产品的最终效果。

反馈机制不完善：收集用户反馈的机制不够高效，导致设计团队无法及时获得有效信息。

对于用户参与与反馈带来的挑战，企业可以通过以下两个措施得以改善：设计有效的用户参与机制，通过定期访谈、焦点小组等方式，确保用户参与设计与测试的过程；建立快速反馈机制，利用数字工具实时收集用户反馈。

3.2.5 设计思维与敏捷方法的发展趋势与展望

1. 设计思维与敏捷方法的发展趋势

随着数字经济的发展，设计思维与敏捷方法的结合将成为企业创新的重要趋势。人工智能、大数据等技术的发展，为两者的结合提供了新的机遇。

技术的支持：人工智能和数据分析工具能够帮助团队更深入地理解用户需求，提升设计思维的效果。

市场的变化：快速变化的市场环境要求企业在产品开发中更具灵活性和适应性，设计思维与敏捷方法的结合正好满足这一需求。

2. 设计思维与敏捷方法的展望

设计思维与敏捷方法未来的研究可集中在以下方向。

跨行业应用：探讨设计思维与敏捷方法在不同领域（教育、医疗、金融等）的应用效果与实践。

技术的融合：研究如何通过新兴技术（人工智能、区块链等）进一步提升设计思维与敏捷方法结合的效果。

3.3 从需求到解决方案

在数字经济的飞速发展过程中，创新的成功与否往往取决于对需求的准确把握。随着市场环境和用户行为的不断变化，企业若不能及时识别和理解用户的需求，创新的成果可能与实际需求脱节，无法带来预期的价值。因此，需求的识别与分析成为数字创新过程中的关键一步。它不仅是产品开发的起点，还是解决用户痛点、实现市场突破的核心驱动力。我们将深入探讨如何通过多种方法和工具有效地识别和分析需求，确保创新解决方案的精准落地。

3.3.1 需求识别与分析

1. 需求识别的定义与重要性

需求识别是指通过深入了解用户或市场，发现显性和潜在需求的过程。这一过程是产品开发和创新的第一步，其准确性和及时性直接影响着产品的成功与否。在快速变化的数字经济环境中，需求识别的重要性愈发凸显。

首先，需求识别能够帮助企业捕捉市场机会。在竞争激烈的环境中，企业必须及时了解用户的需求和期望，以便快速反应并调整产品策略。例如，电商平台通过分析用户的购买行为和反馈，能够识别出用户对某类产品的强烈需求，从而调整产品供应和推广策略。这种敏捷反应不仅提升了用户满意度，还增强了市场竞争力。

其次，需求识别有助于发现用户的痛点。用户在使用产品时可能会遇到各种问题和挑战，准确识别这些痛点能够为企业提供改进的方向。例如，一款移动支付应用在用户测试中发现，用户对于支付界面的加载时间非常敏感，因此可以通过优化技术减少等待时间，提升用户体验。

最后，需求识别可以引导企业的创新方向。当企业能够清晰地识别出用户的需求时，便能有效地制定创新策略，开发出更具市场吸引力的产品。创新并不仅限于产品功能的提升，还包括服务模式、交互体验等多个维度的改进。

2. 需求的分类

为了有效识别和分析需求，需要对需求进行分类。需求的分类不仅有助于系统化理解用户的需求，还能帮助企业更好地优先处理不同类型的需求。

显性需求：这些需求是用户明确表达的，通常可以通过直接的用户反馈获得。例如，用户希望某款应用能够增加新的支付方式。这类需求通常容易被识别和分析。

隐性需求：与显性需求相对，隐性需求是用户没有直接表达但在使用过程中体现出的需求。例如，用户并未提出在使用过程中希望减少广告干扰的要求，但频繁表现出对广告的厌烦。隐性需求往往需要通过深入的用户研究和观察来挖掘。

市场需求：市场需求来自行业或市场的整体趋势，是对某一领域或产品类型的广泛需求。例如，近年来用户对可持续产品的需求日益增加，这一市场趋势要求企业在产品开发中融入环保理念。

技术需求：技术需求是由于技术的升级和创新所产生的需求。例如，随着人工智能的发展，用户可能希望应用能够提供更加个性化的服务。这类需求通常与技术的发展速度密切相关。

3. 需求收集的方法

需求收集是需求识别与分析的关键环节，企业可以采用多种方法来收集需求信息。

（1）定性方法

访谈法：与用户进行一对一的深入访谈，是收集需求的有效方式之一。通过开放式问题，企业能够了解用户的真实感受和期望。例如，一家软件公司可以通过访谈了解用户在使用软件时的具体痛点，进而为产品改进提供依据。

焦点小组法：召集一个小组的用户进行讨论，通过引导性问题获取用户对产品的反馈。这种方法能够促进用户之间的互动，发现用户的潜在需求和不同观点。

观察法：通过观察用户在实际使用产品时的行为，识别出隐性需求。这种方法尤其适用于收集那些难以通过传统问卷或访谈获取的需求。

（2）定量方法

问卷调查：设计结构化的问卷，以获取大量用户的反馈数据。问卷可以覆盖多方面的内容，如用户满意度、功能需求、使用频率等，便于进行定量分析。

数据分析：通过分析用户的行为数据、购买记录、使用频率等，发现需求趋势。现代数据分析工具，如大数据分析和机器学习，能够帮助企业从海量数据中挖掘有价值的需求信息。

4. 需求分析的步骤与方法

需求分析是将收集到的需求信息进行收集、归类、优先级评估和问题定义的过程，通常包括以下步骤。

需求收集：通过多种渠道，包括访谈、问卷、数据分析等，收集用户和市场的需求，确保收集的信息覆盖到不同的用户群体。

需求归类：将收集到的需求进行整理，按用户类型、功能性需求等进行分类。这一步骤有助于更好地理解不同类型的需求如何影响产品的设计。

优先级评估：根据需求的影响力、实施成本、市场潜力等因素评估优先级。优先级高的需求应当优先解决，以最大化资源的使用效率。KANO 模型可以帮助企业理解用户需求与用户满意度之间的关系，从而合理分配开发资源。

问题定义：基于需求分析，明确用户的核心痛点和需要解决的问题。这一阶段对于后续解决方案的设计至关重要。

5. 需求分析的常见挑战与应对策略

在需求识别与分析的过程中，企业可能会面临一些挑战。

需求变化快：用户的需求随着市场环境和技术发展而变化，企业需要具备快速响应的能力。应对策略是建立持续的需求监测机制，通过数据分析和用户反馈不断更新需求信息。

信息不对称：用户表达的需求与用户的实际需求可能存在差距，这种信息不对称可能导致产品开发方向偏离。应对策略是结合定性和定量方法，确保全面了解用户的需求。

过度依赖定量数据：许多企业在需求分析中可能过于依赖定量数据，而忽视了用户的情感和偏好。应对策略是通过用户访谈和观察，补充定性数据，获得更全面的用户画像。

需求识别与分析是数字创新过程中不可或缺的一步。通过准确识别和深入分析需求，企业不仅能够发现市场机会，还能明确用户痛点，从而设计出切实可行的解决方案。在实际应用中，企业应结合多种工具和方法，将用户的显性需求与隐性需求相结合，形成全面的需求视图，确保产品与市场的高度契合。在快速变化的市场环境中，持续的需求监测与分析将为企业的创新发展提供源源不断的动力，帮助企业在竞争中脱颖而出。

3.4 用户体验设计

当前，数字经济迅猛发展，用户体验设计已成为推动企业创新与竞争力提升的重要因素之一。随着用户需求的多样化和市场竞争的加剧，企业需要通过有效的用户体验设计提升产品的质量，以满足不断变化的用户需求。本节旨在探讨用户体验设计在数字创新思维中的应用，分析其如何推动企业的可持续发展。

3.4.1 用户体验设计的基本概念

用户体验是用户在与产品互动时产生的整体感受。这种体验不仅包括产品的功能、可用性，还涉及用户在使用过程中产生的情感反应。用户体验设计的主要目标是提升用户满意度、增强用户忠诚度、提高产品的可用性、提升企业及其产品的商业价值和减少支持成本。用户体验设计的原则包括以用户为中心、可用性优先、一致性、可访问性、视觉美感、反馈与响应、灵活性与效率、持续迭代等。

1. 用户体验设计的目标

提升用户满意度：用户体验设计的首要目标是提升用户对产品的满意度。通过深入了解用户需求，设计师可以设计出相应的解决方案，从而让用户感到满意并愿意持续使用该产品。

增强用户忠诚度：优秀的用户体验不仅能够吸引新用户，还能够留住现有用户。用户在良好的体验中产生的信任感和忠诚感将促使他们持续选择该产品，该产品便拥有了稳定的用户群体。

提高产品的可用性：产品的可用性是用户体验设计的重要组成部分之一。设计师需要确保用户在使用产品时能轻松找到所需的功能，并且能够顺利达到使用目的。通过简化操作流程、设计清晰的界面和直观的导航，用户在使用过程中会感受到便利。

提升企业及其产品的商业价值：通过优化用户体验，企业不仅能提升用户满意度，还能实现更高的转换率和销售额。优秀的用户体验能够直接影响用户的购买决策，使其更愿意购买该企业的产品，从而提升企业的整体商业价值。

减少支持成本：一个好的用户体验能够减少用户在使用过程中遇到的问题，降低技术支持和用户服务的需求。通过清晰的界面设计和易于理解的操作指引，用户更容易上手，企业的各项支持成本将会随之降低。

2. 用户体验设计的原则

以用户为中心：用户体验设计的核心原则是以用户为中心。设计师必须将用户置于设计过程的中心,通过用户研究、数据分析和用户反馈,确保设计方案能真正满足用户的需求。

可用性优先:可用性是用户体验设计的基础。设计师需确保产品在功能上易于使用,设计风格简洁明了,减少复杂的操作步骤,使用户能够快速上手。

一致性:一致性是提升用户体验的关键因素。无论是视觉风格、交互模式还是术语,保持一致性能够帮助用户更快地熟悉产品。设计师需确保不同界面和功能之间的协调一致,减少用户学习成本。

可访问性:用户体验设计应考虑到不同用户的需求,包括身体残疾、认知障碍或其他特殊需求的用户。确保产品的可访问性不仅是法律责任,还是良好设计的体现,具有可访问性的设计能够为用户提供更好的体验。

视觉美感:用户体验不仅是关于功能的,还涉及视觉和情感。设计师应注重界面的美观,使用吸引人的色彩、字体和图形元素,以增强用户的情感共鸣和使用时的愉悦感。

反馈与响应:用户在与产品交互时,需要及时获得反馈。无论是成功确认、错误提示还是状态变化,及时的反馈可以增强用户的控制感和信任感,帮助用户了解系统的当前状态。

灵活性与效率:好的设计能够适应用户的不同使用习惯和需求。设计师应为资深用户提供快捷方式和高效的操作流程,也要确保新用户能轻松上手,提升整体的用户体验。

持续迭代:用户体验设计是一个持续迭代的过程。设计师应定期收集用户反馈和进行数据分析,及时调整和优化设计,以适应不断变化的用户需求和市场环境。

用户体验设计的目标和原则为设计师提供了一个明确的方向,确保最终产品能够真正满足用户需求并提供优质用户体验。在数字经济时代,良好的用户体验不仅是产品成功的关键因素,更是企业在激烈市场竞争中立足的基石。设计师应不断学习和实践这些目标与原则,以创造出更具价值和吸引力的产品。

3.4.2 用户体验设计的过程与方法

1. 需求收集与用户研究

用户访谈与调查:通过访谈与调查能收集用户的需求。

用户画像:创建用户画像以帮助设计团队理解目标用户的需求。

2. 设计与原型制作

(1)线框图与原型:使用线框图与高保真原型展示产品设计

线框图与原型在用户体验设计中扮演着至关重要的角色,它们能帮助设计师有效地展示和验证产品设计。线框图是一种低保真度的视觉工具,主要用于展示界面的基本布局和功能。通过简单的线条和形状,设计师可以清晰地表达出界面元素的位置及其相互关系,而无须关注颜色或字体等细节。这种简化的表达方式使团队能够快速讨论设计思路、验证概念,并在早期阶段对设计进行迭代,从而节省时间和资源。

在确定线框图后,设计师会进入原型设计阶段。与线框图不同,原型是一种高保真度的模型,它不仅展示了界面的外观,还模拟了用户的实际交互。原型允许用户进行点击、滑动等操作,提供了一个接近产品真实使用体验的环境。这一阶段的关键在于,通过原型进行用户测试,设计师可以收集到用户的反馈,了解他们在使用过程中遇到的问题。用户直接参与测试能够显著提升产品的最终质量,确保设计能够满足用户的真实需求。

线框图与原型各有其独特的价值。线框图专注于布局和结构,适用于概念验证和初步讨论;而原型则提供了更深入的交互体验,便于验证功能和收集用户反馈。这两种工具的有效运用不仅提高了设计的沟通效率,还降低了开发过程中的风险,确保最终产品更具用户友好性。通过这种循序渐进的设计流程,设计团队能够在数字经济时代创造出更加成功和受欢迎的产品。

(2)用户测试:通过可用性测试、A/B 测试收集用户反馈,优化设计

用户测试是产品设计过程中的关键环节之一,它通过收集用户反馈来优化设计,提高用户体验。其中,最常用的两种方法是可用性测试和 A/B 测试。

可用性测试旨在评估用户在使用产品时的舒适度和有效性。这种方式让团队能够深入了解用户的真实需求,从而进行有针对性的调整和改进。A/B 测试则是一种实验方法,将用户随机分为两组,分别体验不同版本的产品界面或功能。每组用户的行为和反馈都被记录并分析,以确定哪种设计更受欢迎或更有效。A/B 测试能够提供定量的数据支持,帮助设计团队做出更加科学的决策。这种数据驱动的方法在产品迭代过程中尤为重要,因为它能在不确定性中找到最优解。

用户测试通过可用性测试和 A/B 测试等手段,为设计团队提供了重要的反馈信息。这些反馈不仅能揭示用户在使用产品时的真实感受,还能为后续的设计优化提供有力的数据支持。通过不断进行用户测试,设计团队能够确保设计与用户需求相符,从而提升产品的用户体验。

(3)迭代与优化:采用敏捷方法进行快速迭代与优化,确保产品始终符合用户需求

敏捷方法强调以用户需求为核心,通过短周期的迭代不断优化产品设计。每个迭代周期都包含设计、开发、测试和用户反馈分析的环节,使设计团队能够及时调整产品方向,修正可能存在的用户体验问题。通过这种方式,产品可以在早期阶段迅速成形,并在实际使用过程中不断完善,确保最终交付的产品能够精准匹配用户需求。

在产品迭代过程中,数据分析是优化设计的重要手段。通过用户行为数据、点击率、留存率等关键指标,设计团队可以量化设计的有效性,并精准定位需要改进的地方。例如,热图分析可以帮助设计团队了解用户在界面上的关注点,而用户流分析则可以揭示用户的操作路径及可能的流失点。这些数据支持使优化决策更加科学,避免过度依赖主观判断。

除了定量分析,定性反馈同样重要。用户访谈、问卷调查和社交媒体上的用户评论都能提供直观的改进建议。结合用户测试的结果,设计团队可以针对用户的真实需求进行功能优化、界面调整或交互改进。例如,如果用户在特定页面的停留时间较长但转化率较低,可能需要优化引导流程或简化操作步骤。通过这种以用户为中心的迭代方式,产品能够不断提升用户体验,增强市场竞争力。

3. 数字经济环境下的用户体验设计工具

在数字经济环境下,用户体验设计的工具与技术不断演进,以满足日益变化的用户需求和市场趋势。首先,设计师常用的工具包括线框图、原型设计软件及用户测试平台。线框图工具,如 Axure RP、Balsamiq Mockups 和 Figma,使设计师能够快速构建页面布局并

验证设计思路。这些工具以其简单的界面和高效的功能，帮助设计团队在项目初期阶段进行快速迭代。

其次，原型设计工具，如 InVision、Adobe XD 和 Sketch，则提供了更高保真的交互模拟，让设计师能够创建具有真实用户体验的原型。这些工具支持设计团队与用户之间的沟通，收集用户对测试的反馈。通过与用户的互动，设计师能够在产品发布前识别并解决潜在问题，确保最终产品符合用户需求。

此外，随着数据分析技术的发展，用户体验设计也愈发依赖数据驱动的方法。分析工具，如 Google Analytics 和 Hotjar，能够收集用户行为数据，帮助设计师理解用户在使用产品时的习惯和需求。这些数据不仅能为设计决策提供有力支持，还能帮助团队在迭代中做出基于实证的优化。

数字经济环境下的用户体验设计工具为设计师提供了多样化的选择，帮助他们在提高用户满意度的同时，提升产品的市场竞争力。通过有效地运用这些工具，设计团队能够创造出更具吸引力和实用性的产品，从而实现商业目标。

4. 用户体验设计的评估与优化策略

用户体验设计的评估与优化策略是确保产品满足用户需求和提高用户满意度的重要环节。这一过程通常包括定量与定性的评估方法，以及在收集到的数据基础上进行的持续优化。

评估用户体验的一个关键方法是可用性测试。在可用性测试中，用户被邀请完成特定任务，设计师则观察他们的反应和操作步骤。这种方法能够为设计师提供第一手的数据，帮助其了解用户的真实体验和需求。根据测试结果，设计师可以有针对性地进行调整，以提高产品的可用性和用户满意度。

在收集数据之后，设计团队应定期进行数据分析，以发现潜在的改进机会。使用分析工具可以监测用户行为、点击率和转化率等关键指标。这些数据能够揭示用户在使用产品时的习惯与偏好，从而为设计优化提供依据。设计团队可以通过这些数据，识别出流失率高的环节或用户停留时间较长的界面，进而进行有针对性的设计调整。

此外，收集用户反馈是优化设计的重要策略之一。通过问卷调查、用户访谈或社交媒体等渠道，设计团队可以了解用户对产品的看法和需求。用户的反馈能够帮助设计团队识别出未曾注意到的问题。整合用户反馈后，设计师可以进行相应的改进，以提升用户的满意度和体验。

用户体验设计是一个持续的过程，优化策略也应随之调整。产品发布后，设计团队应保持对用户行为的监测，定期进行评估和迭代。随着用户需求和市场环境的变化，设计团队应不断适应和改进，以确保产品始终能够提供良好的用户体验。

5. Google Wave 用户体验的案例

Google Wave 是一个在 2009 年发布的实时协作平台，整合了电子邮件、即时消息和文档编辑等功能。尽管它在推出时受到了高度期待，但最终未能取得成功。这一案例为我们提供了许多关于用户体验设计的宝贵经验。

Google Wave 的用户体验设计在概念上是创新的。它允许用户在同一个"波"中进行多方实时讨论,并通过嵌入的文档、图片和视频进行内容创作。这种设计意图提供一个统一的协作环境,让用户能够随时跟踪对话的历史记录和变更情况。然而,用户在实际使用过程中发现,这种设计过于复杂,反而使许多用户感到迷茫,不知从何入手。

Google Wave 在界面设计上虽然尝试了许多前沿元素,但缺乏必要的引导信息。对于不熟悉这一平台的新用户来说,缺少直观的操作指引和教程,使他们在探索功能时遇到了阻碍。设计师未能充分考虑到不同用户的技术水平,导致用户体验的分化。那些具备较高技术水平的用户可能会喜欢这种自由和灵活的设计,但对大多数普通用户而言,这是一个很大的挑战。

尽管 Google Wave 具备丰富的功能,但在实际使用中,用户对其功能的需求并不强烈。人们对实时协作的需求有限,许多用户倾向于使用更简单、直接的沟通工具。Google Wave 未能准确把握市场需求,导致用户在面对复杂的功能时感到困惑,从而减少了使用频率。这一案例说明,用户体验设计不仅要关注产品的功能创新,更要深入理解用户的实际需求和使用习惯。

Google Wave 的案例反映出技术与用户需求之间的矛盾。尽管其背后有强大的技术支持,但如果未能与用户的真实需求相匹配,最终仍可能导致失败。这提醒设计师在产品开发过程中,始终要将用户体验放在首位,注重用户反馈,并不断对产品进行迭代和优化。

Google Wave 的失败案例提供了对用户体验设计的重要反思。尽管它的理念是先进的,但在界面设计、市场需求等方面的不足,最终导致其用户体验的失败。设计师在未来的项目中应吸取教训,确保产品不仅要在功能上创新,更要在用户体验上友好,从而使产品获得成功。

案例:抖音的数字创新思维与用户体验设计

抖音有限公司(简称"抖音")是一家以技术驱动的全球化互联网公司,因其推出的短视频平台抖音而广受欢迎。抖音的成功不仅在于强大的算法推荐技术,还在于在用户体验设计上的持续创新与优化。本案例将探讨抖音如何运用数字创新思维,推动用户体验的提升,并分析其成功的因素及面临的挑战。

一、背景与挑战

在数字经济的背景下,用户的需求和偏好不断变化,用户对内容消费的方式也日益多样化,短视频平台在这样的背景下迅速崛起。抖音意识到传统社交媒体面临的挑战,决定推出一款能够吸引用户并提高用户参与度的产品。其核心挑战是如何在竞争激烈的市场中脱颖而出,并通过优秀的用户体验来吸引和留住用户。

二、数字创新思维的实施

抖音采取以下方法,完善其用户体验设计。

1. 用户导向的设计思维

抖音的设计团队通过广泛的用户研究,深入了解用户的需求与痛点。他们在产品设计初期就考虑到用户的使用场景与心理,确保设计能够满足目标用户的需求。例如,在抖音的界面设计上,设计团队充分考虑到年轻用户群体的习惯,提供简洁直观的操作界面和丰富多样的内容。

2. 数据驱动的决策

抖音善于利用数据分析工具,实时监测用户行为与反馈,帮助设计团队对产品进行持续优化。通过分析用户的观看时长、互动频率及分享行为,设计团队能够快速识别出用户最感兴趣的内容类型,从而调整算法和推荐机制,提高用户满意度和留存率。

3. 算法推荐的优化

抖音的核心竞争力之一是智能算法,该算法能够根据用户的历史行为和偏好,推送个性化的内容。算法不断学习和优化,提升了用户获取信息的效率,同时增加了用户的参与度。例如,抖音会根据用户的观看习惯,推荐更符合其口味的短视频,增加了用户的停留时间。

4. 创新的社交互动机制

在用户体验设计中,抖音注重社交元素的融入。抖音不仅是一个视频分享平台,还是一个社交网络,用户可以通过评论、点赞、分享等互动方式参与其中,增强用户之间的联系。这种社交互动机制不仅提升了用户的黏性,还使用户生成内容(UGC)更加丰富。

三、案例分析与讨论

抖音的成功可以归功于其在用户体验设计中的数字创新思维。然而,它成功的路上也伴随着挑战。首先,抖音在全球市场的扩展过程中面临文化差异的问题,不同地区的用户对内容的接受度和偏好各不相同,抖音需要灵活调整其内容策略,以适应不同市场的需求。

其次,数据隐私与安全问题是抖音必须面对的挑战。在用户数据的收集和使用上,抖音需保持透明性和合规性,确保获得用户的信任,这对于提升用户体验至关重要。随着监管政策的加强,抖音需在保护用户隐私和提供个性化服务之间找到平衡。

最后,尽管抖音在算法和用户体验设计上取得了显著成就,但市场竞争依然激烈。其他平台,如快手、YouTube,也在不断优化其用户体验,抖音必须保持创新,以维持其市场领导地位。

四、结论

抖音的案例展示了数字创新思维在用户体验设计中的重要性。通过用户导向的设计思维、数据驱动的决策、算法推荐的优化和创新的社交互动机制，抖音成功地提升了用户体验，吸引了大量用户。然而，面对市场的快速变化和竞争，抖音还需继续创新，灵活应对挑战。这个案例为其他企业在数字经济时代如何运用创新思维提升用户体验提供了宝贵的借鉴和启示。

参考文献

[1]　KUMAR V, WERNER R. Creating Enduring Customer Value[J].Journal of Marketing, 2016, 80(6): 36-68.

[2]　SAPYTRA M E, SUMIATI S, YUNIARINTO A. The Effect of Customer Experience on Customer Loyalty Mediated by Customer Satisfaction and Customer Trust: (Study on Users of PLN Mobile Application at PLN UP3 Malang)[J].Journal of Economics and Business Letters, 2023, 3(3): 27-37.

[3]　JAIN R, AAGJA J, BAGDARE S. Customer Experience-A Review and Research Agenda[J].Journal of Service Theory and Practice, 2017, 27(3): 642-662.

[4]　ZHOU Q. Understanding User Behaviors of Creative Practice on Short Video Sharing Platforms-A Case Study of TikTok and Bilibili[D].Cincinnati: University of Cincinnati, 2019.

[5]　HO M R, SMYTH T N, KAM M, et al. Human-Computer Interaction for Development: The Past,Present, and Future[J].Information Technologies & International Development, 2009, 5(4): 1-18.

[6]　KOMULAINEN H, SARANIEMI S. Customer Centricity in Mobile Banking: A Customer Experience Perspective[J].International Journal of Bank Marketing, 2019, 37(5): 1082-1102.

[7]　RAUDHINA L L, SIREGAR S L. The Effect of Customer Experience,Trust and Satisfaction on Customer Loyalty: Empirical Study on BCA Mobile Banking Users[J]. International Journal Management and Economic, 2022, 1(2): 49-53.

第4章

数字创新项目实践

4.1 数字创新项目的流程

在数字经济时代,企业面临着日益加剧的竞争压力,必须通过数字创新来保持其竞争优势。数字创新项目已成为企业在数字化转型过程中的核心工具,涉及创意产生、技术开发、商业化落地等各个阶段。本节将探讨数字创新项目的完整流程,包括其理论基础、关键阶段、关键成功因素及风险管理,旨在为理解和实施数字创新项目提供系统性方法论指导。

4.1.1 数字创新项目的理论基础

数字创新项目是利用数字技术推动企业创新的系统性流程。数字创新项目旨在通过技术驱动变革提升企业业务效率、改善用户体验、创造新的产品,甚至革新商业模式。其特点是将新兴技术与现有的运营、产品、市场相结合,实现企业的数字化转型和可持续发展。数字创新项目具有技术驱动、开放协作、快速迭代、用户中心化、商业模式创新等特征。数字创新项目广泛应用于各行各业,包括制造、金融、零售、医疗等。其核心目标是通过数字技术提升效率、改进用户体验和创造新的商业模式。

数字创新项目相关理论框架如下。

1. 开放式创新理论

开放式创新理论是由亨利·切萨布鲁夫(Henry Chesbrough)在2003年提出的一种创新管理理念。该理论认为,企业不应仅依赖内部资源和研发能力进行创新,而应通过开放的方式,积极利用外部资源和合作机会来推动创新,从而提高效率、降低成本并增强竞争力。开放式创新理论的核心理念在于通过知识的内外流动,使企业能够更好地整合外部技术和内部研发成果,以实现商业价值最大化。

(1)开放式创新的核心要点

知识内外流动:开放式创新的一个关键特征是知识的双向流动。传统的封闭式创新模式仅依赖内部的研发团队和资源,而开放式创新允许企业从外部获取知识和技术,也将内部的创新成果向外部开放(通过许可、技术转让等)。这种知识的自由流动能够促进创新效率的提升,并减少研发风险。

外部资源的利用：在开放式创新模式下，企业不仅依靠内部研发力量，还可以通过外部合作、并购、投资创业公司等方式获取所需的技术、创新成果或市场资源。外部资源可能来自高校、科研机构、创业企业、供应链伙伴，甚至是竞争对手。通过这些外部资源，企业可以加速创新进程。

内部与外部创新结合：企业不再需要从零开始研发新技术，而是可以利用外部已经存在的技术或解决方案，将其与内部资源相结合，进行二次创新或商业化。这样不仅可以节省研发成本，还能缩短创新周期。亨利·切萨布鲁夫提出的观点是"有用的知识并不总是产生于企业内部，而外部世界也有丰富的创新资源"。

创新的商业化路径多样化：在开放式创新框架下，企业可以通过多种途径将创新成果商业化。除了直接将创新成果引入自身的产品中，企业还可以通过专利许可、技术合作、外部创业等方式将技术输出，甚至通过开源平台共享部分技术，以激发外界的创新活力。

合作与竞争并存：开放式创新不排斥与竞争对手合作，这与传统的竞争思维不同。企业可以通过开放平台或合作项目，与竞争对手在一些非核心领域进行技术共享或联合研发，从而降低成本，分摊风险，同时专注于自身的核心竞争力领域。

开放式创新与封闭式创新的区别如表 4-1 所示。

表 4-1　开放式创新与封闭式创新的区别

特　点	开放式创新	封闭式创新
知识流动	知识的双向流动：内部与外部自由共享和获取	知识主要在企业内部进行流动和开发
创新来源	内部资源与外部资源相结合	仅依赖内部的研发和创新
创新速度	通过与外部合作加速创新进程	研发周期较长，创新速度相对较慢
创新风险	通过合作和外部资源分散风险	独自承担全部创新风险
商业化路径	通过多种途径实现商业化，如许可、合作、创业等	主要通过企业自身的产品进行商业化

（2）开放式创新的优势

降低研发成本：从外部获取已有的技术或创新成果，企业可以减少重复研发的投入，显著降低研发成本。同时，外部资源的整合使企业能够以更少的投入获取更多的创新机会。

加快创新速度：通过外部合作和技术引入，企业可以缩短研发周期，快速响应市场变化。外部创新成果的利用加快了产品推向市场的速度。

分散创新风险：开放式创新通过与合作伙伴分担研发风险和投资，降低了企业单独承担失败风险的可能性，增强了企业在不确定环境下的抗风险能力。

拓展创新机会：开放式创新通过与外部伙伴合作或技术转让，可以扩大创新的机会和渠道，企业不仅可以专注于核心业务，还能通过外部创新成果激发新的增长点。

提升企业竞争力：通过整合外部知识和技术，企业可以迅速获得在市场中的竞争优势。开放式创新使企业能够快速调整产品，以满足不断变化的市场需求。

（3）开放式创新的挑战

尽管开放式创新有诸多优势，但在实施过程中也面临一些挑战。

知识产权保护：在开放式创新的过程中，如何有效保护企业的核心知识产权是一个重大挑战。外部合作和技术共享可能带来知识泄露的风险,企业需要设计有效的知识产权保护机制。

文化和管理:企业内部可能存在封闭的文化氛围或对外部创新成果的不信任,这可能会导致开放式创新难以实施。此外,管理层需要有能力协调内部和外部资源,并建立起有效的创新协作机制。

外部合作伙伴的选择:如何选择合适的外部合作伙伴并建立长期的信任关系,是开放式创新成功的关键。企业必须在合作中找到平衡点,既能共享创新成果,又能保持自身的竞争优势。

信息对称性和技术整合:外部引入的技术或创新成果如何与企业内部的流程、技术架构进行有效整合也是一个难点。如果信息不对称或技术不兼容,可能会导致成本上升或项目失败。

开放式创新理论通过推动企业利用外部资源共享知识和合作创新,为现代企业创新提供了新路径。它不仅提高了企业的创新效率,还能降低成本和分散风险。然而,开放式创新的实施需要企业在知识产权保护、文化和管理、外部合作伙伴的选择、信息对称性和技术整合等方面做好准备,以确保开放式创新能够顺利进行。随着技术的迅速发展和全球化的深入,开放式创新将成为越来越多企业实现可持续竞争优势的关键策略。

2. 创新扩散模型

创新扩散模型理论是理解技术创新如何在社会或市场中被不同个体、组织或群体采纳的框架。它分析了影响创新扩散的核心因素,并通过不同的模型解释了这一过程。创新扩散模型主要有以下几个核心要点。

(1)创新扩散的核心概念

创新与扩散:创新是新技术、新产品或新思想的引入,而扩散是这些创新从最初的使用者传播到更大范围内的用户群体的过程。扩散不仅包括创新本身的传播,还涵盖用户对创新的接受和使用。这一过程通常是渐进的,受到用户特性和市场环境的影响。

采纳者分类:扩散通常将用户划分为不同的群体,如创新者、早期采用者、早期多数、后期多数和落后者。每个群体对创新采纳的时间和动机不同,创新者往往是冒险的尝试者,而早期多数和后期多数则更谨慎,直到看到创新的成功后才逐步采纳。理解这些群体的差异,有助于预测创新的扩散路径。

创新扩散的影响因素:影响创新扩散的因素主要包括创新的相对优势、兼容性、复杂性、可试验性和可观察性。这些因素决定了创新在市场中的传播速度和采纳程度。例如,创新如果具有明显的相对优势且易于使用,则用户更容易采纳,从而加速扩散过程。

(2)创新扩散的理论及模型

① 创新扩散理论

创新扩散理论(innovation diffusion theory)是理解创新如何在社会中传播的重要框架。这一理论于1962年被罗杰斯首次提出,并在其著作《创新的传播》中得到了详细阐述。该理论的核心思想是,技术、产品或思想的创新并非自动传播,而是经过一系列的过程和阶段,受到社会、文化、经济等多种因素的影响。罗杰斯认为,创新的扩散通常遵循一个"S"形曲线,这一曲线描绘了创新被采纳的时间和用户数之间的关系:在初期阶段,创新的传播速度较慢，随着时间的推移，采纳者的数量迅速增加，最终趋于饱和。

创新扩散理论认为，影响创新扩散速度和程度的关键因素有五个，包括相对优势、相容性、复杂性、可试性和可观察性。相对优势是创新相对于现有解决方案所带来的明显好处。如果一种新技术能够显著提高效率、降低成本或改善用户体验，它更可能被广泛采纳。相容性是创新与潜在采纳者已有的价值观、经验和需求的契合程度。如果新技术能够与用户的习惯相结合，采纳的可能性就会更高。复杂性则涉及用户对新技术的理解和使用的难易程度，过于复杂的技术往往会让用户产生抵触情绪，从而降低采纳率。可试性允许用户在有限范围内先行尝试新技术，它能够减少用户对风险的担忧，从而促使其采纳。可观察性是创新成果是否能被潜在用户直观地看到，越容易被观察到的创新，传播的速度通常越快。

创新扩散理论不仅关注创新的技术特性，还强调了意见领袖和社交网络在扩散过程中的重要性。意见领袖通常是那些在特定领域内被广泛信任和尊重的人，他们的态度和行为能够加速新技术的采纳。社交网络的结构同样也会影响新技术的扩散过程。紧密的社交网络通常能促进信息的快速传播，而松散的网络则可能导致信息传播的延迟。

此外，创新扩散理论可以应用于不同领域的创新推广。无论是在医疗技术、教育创新，还是在商业模式的变革中，理解创新的扩散过程都能够帮助决策者制定更有效的推广策略。例如，在医疗领域，新治疗方法的推广可能需要重点关注早期采用者的意见，以便获取更广泛的社会认可；而在教育领域，教师的态度和行为可能会影响新教学方法的采纳，从而影响学生的学习效果。

虽然创新扩散理论为理解技术传播提供了一个强有力的框架，但它也面临一些批评。有人认为，该理论过于简化创新扩散的复杂性，未能充分考虑文化背景、政策环境和技术本身的不断演变对扩散过程的影响。此外，随着数字技术的快速发展，社交媒体和在线平台在信息传播中的作用愈发重要，传统的创新扩散模型可能需要更新，以适应新的传播方式。

② 巴斯扩散模型

巴斯扩散模型（Bass diffusion model）是由弗兰克·巴斯在1969年提出的一种经典模型，旨在描述创新产品在市场中的传播过程。该模型基于两个基本假设：一是把用户分为创新者和模仿者；二是创新者的采纳行为独立于其他用户，而模仿者的采纳行为则受到已采纳用户的影响。这一模型通过两个主要参数，即创新率（p）和模仿率（q）量化这两类用户的行为。创新率代表了早期采用者对新产品的采纳比例，而模仿率则表示已有用户对后续用户的影响程度。巴斯扩散模型的核心在于它对时间的动态建模能力。该模型通过微分方程描述了创新产品的市场渗透过程。

巴斯扩散模型的理论基础在于用户行为理论和社会学习理论。创新者通常是对新事物持开放态度的用户，他们在新产品推出初期即愿意尝试，而模仿者则更倾向于跟随潮流，受其他用户的影响。这种行为模式在很多市场中普遍存在，尤其是在技术快速发展的行业，如电子和软件领域。

在实际应用中，准确估计模型参数（p 和 q）是模型有效性的关键。研究者通常采用历史数据，通过非线性最小二乘法拟合来确定最佳参数值。为了提高预测的准确性，研究者还可以考虑市场特征、竞争状况和用户偏好的变化。在某些情况下，可能需要使用分段回归或动态模型来捕捉市场变化对参数的影响。这使巴斯扩散模型不仅适用于静态市场分析，还适用于动态变化的环境。

巴斯扩散模型在多个领域得到了有效应用，尤其是在消费品、技术产品和医疗领域。例如，在智能手机市场，许多品牌通过该模型来预测新款手机的市场接受度，从而制定合理的生产和营销策略。通过对历史销量数据的分析，企业可以有效管理库存、优化资源配置，进而提高市场竞争力。巴斯扩散模型的另一个典型应用案例是药品市场。制药公司在新药上市前，利用巴斯扩散模型预测药物的市场渗透率，帮助他们制定上市策略和市场推广方案。通过分析竞争对手的表现和市场反应，企业可以更好地调整营销策略，以满足市场需求。巴斯扩散模型不仅提供了数据支持，还为企业的决策过程提供了科学依据。

尽管巴斯扩散模型在市场研究中取得了显著成功，但它也存在一定的局限性。其假设条件（用户行为的线性关系）在某些复杂的市场环境中可能不再成立。因此，学术界和实践界对巴斯扩散模型进行了多种扩展。例如，引入外部影响因素（广告、社交媒体和口碑等）来增强模型的适用性。此外，基于社交网络分析的巴斯扩散模型变体，可以更准确地考虑用户之间的互动关系，特别是在数字产品的传播过程中。

未来的研究可以进一步探讨如何将巴斯扩散模型与大数据分析和机器学习技术相结合，从而提高市场预测的精准度。通过分析用户的实时行为和偏好，研究者可以更好地了解市场动态，为企业提供更为有效的决策支持。此外，考虑到市场环境的快速变化，开发动态模型和适应性强的预测工具将是一个重要的研究方向。

③ 网络扩散模型

网络扩散模型（network diffusion model）是用来描述信息、产品或行为如何在社交网络中传播的理论框架。该模型通过节点和边的形式，表示个体（节点）及其相互之间的关系（边），以模拟信息、产品或行为在特定网络结构下的传播过程。与传统的扩散模型（巴斯扩散模型）相比，网络扩散模型更加强调个体之间的交互作用和社交影响，能够更真实地反映信息、产品或行为在复杂社交结构中的动态传播。

a. 模型分类与特点

网络扩散模型主要分为两类：基于流行病学的模型和基于行为的模型。基于流行病学的模型，如 SIR 模型（易感—感染—恢复模型），将个体分为易感者、感染者和恢复者，通过这些状态的转换模拟疾病或信息的传播。这类模型强调了个体状态变化的动态过程。

基于行为的模型则关注个体在社交网络中的决策过程和影响力。例如，阈值模型和复制模型都是常见的基于行为的模型。阈值模型认为个体在达到一定的"阈值"后才会采纳新行为，而复制模型则认为个体会模仿其社交网络中已采用新行为的邻居。这些模型通过捕捉个体决策的多样性，揭示了社交网络在信息传播中的关键角色。

网络扩散模型在多个领域有广泛的应用。例如，在市场营销中，品牌可以利用网络扩散模型分析新产品的潜在接受度，识别关键影响者，以便制定更有效的传播策略。在社交媒体平台上，企业可以通过分析信息的传播路径，优化内容传播和广告投放策略。在公共卫生领域，网络扩散模型被用来预测疾病的传播，帮助公共卫生机构制定有效的干预措施。例如，通过模拟疾病在不同社交网络中的扩散路径，该模型可以评估不同干预策略（疫苗接种、社交隔离等）的效果，从而优化公共卫生政策。

b. 未来研究方向

网络扩散模型的研究将面临新的挑战和机遇。随着社交网络的不断发展，特别是数字社交平台的兴起，研究者需要更新模型以适应新的传播特征。利用大数据和机器学习技术，在社交媒体营销方面，网络扩散模型可以用于分析用户行为，识别关键意见领袖，从而制定针对性的推广策略。例如，通过模型预测某一产品的潜在传播路径，企业可以在关键节点进行广告投放，最大化影响力。在新冠疫情传播预测中，网络扩散模型能够帮助公共卫生机构模拟病毒传播路径和速度，优化资源配置，提前制定干预措施。结合地理信息系统（GIS），网络扩散模型可以实现更精确的空间分析。与人工智能相结合，网络扩散模型可以运用深度学习技术，处理大规模社交数据，提高模型对复杂传播模式的适应能力。这种方法能够自动识别影响扩散的潜在因素，增强模型的实时预测能力。

心理学的交叉则可以从个体层面分析信息接受与传播的动机，研究如何设计内容以增强信息的吸引力与分享性。这种跨学科的研究将为网络扩散模型提供更深刻的理论支持和实用指导。

④ 阈值模型

阈值模型（threshold model）是一种用于描述个体在网络中如何做出决策的理论框架，特别是在信息传播、社会行为和创新扩散等领域。该模型基于这样的假设：每个个体在面对某种行为或信息时，会设定一个阈值，只有当其周围有足够多的人采取该行为时，他们才会跟随做出相同的决定。这种模型帮助我们理解个体如何受到社交网络中其他成员行为的影响。

a. 模型结构与机制

在阈值模型中，个体的阈值通常是在一个区间内的随机变量，可能因人而异。例如，一个人可能需要看到至少 50% 的朋友支持某项新产品才能决定购买，而另一个人可能只需看到 30% 的朋友支持该产品就会决定购买。当一个人决定采取行动（购买、分享或参与某项活动）时，他们的行为会影响到其社交网络中的其他个体。如果足够多的人突破了自己的阈值，便会引发进一步的传播。这种机制使信息或行为的扩散具有连锁反应的特性。

b. 理论基础

阈值效应：个体的反应不总是线性的，而是可能在某些特定点发生急剧变化。这些点被称为阈值。例如，在消费行为中，消费者可能在收入达到某个水平后才会开始购买奢侈品。

非线性关系：阈值模型强调自变量与因变量之间的非线性关系。这意味着，随着自变量的增加，因变量的变化速度可能会加快或减缓，甚至在达到阈值后发生反转。

动态变化：阈值不是固定的，而是会随时间或环境的变化而变化。这使阈值模型更加灵活，能够适应不同的情境。

c. 应用方向

社会传播：在社交网络中，阈值模型被用来研究信息传播的过程。个体在观察到一定数量的朋友接受某一新观点或行为时，可能会选择跟随这一趋势。例如，如果超过 50% 的朋友开始使用某个社交媒体平台，某个个体才会决定加入。

市场营销：在产品推出或促销活动中，阈值模型可以帮助企业确定促销活动的有效性。例如，研究表明，当折扣率达到一定百分比时，消费者的购买意愿会急剧上升。

环境政策：在环境保护领域，阈值模型可以用于分析公众对环保政策的支持程度。只有在环境问题达到一定严重程度时，公众的支持率才会显著提升，从而推动环保政策的实施。

利用大数据分析，研究者可以更精准地捕捉个体的行为模式和阈值特征，进而提高阈值模型的准确性。此外，结合心理学和行为经济学的理论，可以深入探讨影响个体阈值设置的心理因素，进而更全面地理解信息传播和社会行为的复杂性。这些研究将为阈值模型的应用和理论发展提供新的视角和启示。

3. 敏捷方法理论

敏捷方法是一种软件开发方法论，应用于快速迭代和持续改进的项目管理流程，强调灵活性、协作性。与传统的瀑布模型相比，敏捷方法更关注迭代和增量的开发过程，旨在快速响应变化和提升产品质量。它的核心思想是将复杂的软件开发任务拆分成小的、可管理的部分，通过短周期的迭代来持续交付可用的软件功能。

敏捷方法的一个重要组成部分是"用户故事"，即从用户的角度出发，帮助团队理解用户的需求和期望。在每个迭代周期（通常称为"冲刺"）结束时，团队会向用户演示已经完成的功能，以便及时获取反馈。这种反馈机制促使团队能够快速调整开发方向，确保最终产品能够更好地满足用户需求。

敏捷方法还强调团队成员之间的密切协作。团队通常是跨职能的，团队成员来自不同的专业领域，如开发、测试和用户体验设计。通过定期的站立会、回顾会等形式，团队成员之间能够保持沟通，及时解决问题，并不断优化工作流程。此外，敏捷方法倡导自组织团队，这意味着团队成员拥有更多的决策权和责任，从而提升工作积极性和效率。

敏捷方法通过引入灵活的流程和以人为本的理念，为软件开发提供了更高效、可持续的解决方案。对于本科生和研究生而言，理解敏捷方法不仅有助于未来的职业发展，还能提高团队合作和项目管理的能力。随着科技的不断进步，敏捷方法的原则和实践将在软件工程领域扮演越来越重要的角色。

4.1.2 数字创新项目流程的关键阶段

数字创新项目的流程通常包括几个关键阶段，以下是每个阶段的详细阐述。

1. 概念生成

在这一阶段，团队会进行头脑风暴，识别市场需求和用户痛点，通过市场调研、用户访谈和竞品分析，生成潜在的创新想法。这一阶段强调开放思维和跨部门合作，以确保不同视角的融合。

2. 概念筛选

对生成的多个想法进行评估，筛选出最具潜力的概念。通常采用SWOT分析、可行性研究和市场评估等方法，以确保选出的概念在技术上可行、市场上有需求，并能带来经济效益。

3. 原型设计

选定概念后，团队会快速制作原型，以便进行初步测试。原型可以是低保真的模型或功能性的最小可行产品。此阶段的重点是验证想法的可行性，并获取用户反馈，以便进一步改进。

4. 用户测试

将原型提供给用户进行测试，收集他们的反馈。通过观察用户的使用体验，识别出潜在问题和改进点。用户反馈是此阶段的核心，能确保最终产品更符合用户需求。

5. 产品开发

在整合用户反馈的基础上，数字创新项目进入全面的产品开发阶段。团队会进行详细的技术设计、编码和系统集成。

4.1.3 数字创新项目成功的关键因素

在当今快速变化的商业环境中，数字创新已成为企业获得竞争优势的关键驱动力。随着技术的飞速发展和用户需求的不断演变，企业面临着前所未有的挑战与机遇。然而，仅仅依靠技术并不足以确保数字创新项目成功，真正推动其成功的，往往是一系列关键因素的有效结合。了解并掌握这些关键因素，不仅能够提升项目的成功率，还能为企业在激烈的市场竞争中奠定坚实的基础。我们将深入探讨数字创新项目成功的关键因素，以帮助企业在这一领域实现更大的突破。

1. 清晰的愿景与目标

在数字创新项目中，清晰的愿景与目标是成功的基石。它们不仅为项目提供了方向，还能够激励团队成员，增强协作精神。

（1）设定明确的愿景

愿景是企业未来发展的蓝图，它描述了企业希望实现的理想状态。在数字创新项目中，愿景应具体且具有前瞻性，让团队理解项目所追求的最终成果。例如，一家企业可以设定"数字化转型提升用户体验，使产品成为行业标杆"的愿景。这种愿景不仅能激励团队，更能够吸引外部利益相关者的关注与支持。

（2）制定 SMART 目标

SMART 是明确性（specific）、可衡量性（measurable）、可达成性（attainable）、相关性（realistic）和时限性（time-based）的缩写。将目标具体化、量化，可以帮助团队清楚地了解何时能成功。例如，设定"在六个月内将用户注册量提高 30%"就是一个 SMART 目标。这样的目标可以让团队专注于特定的成果，并通过定期评估进展来确保项目方向的正确性。

（3）确保目标的对齐与一致性

项目目标应与企业整体战略保持一致。团队成员应理解他们的工作如何支持企业的长远目标，这样可以提高团队成员的工作积极性和增强归属感。当每个人都朝着同一个方向努力时，项目的成功概率会显著增加。

（4）有效地沟通愿景与目标

仅有愿景与目标是不够的，企业需要通过多种渠道将其传达给所有团队成员和利益相关者。定期召开会议、发布内部通信和制作可视化材料等方法，都可以帮助团队更好地理解和内化这些目标。此外，鼓励团队成员提出反馈和建议，可以增强他们的参与感和责任感。

（5）愿景与目标的动态调整

在项目的推进过程中，市场环境和用户需求可能会发生变化。因此，企业需要保持灵活性，定期审视并在必要时调整愿景与目标。这种动态调整不仅可以确保项目与市场的相关性，还能够激励团队不断追求卓越。

（6）激励与认可机制

将愿景与目标与绩效考核和激励机制相结合，可以进一步增强团队的执行力。通过定期评估团队和个人的表现，并对达成目标的团队和个人给予认可和奖励，企业可以激励团队成员更积极地参与项目。

清晰的愿景与目标为数字创新项目提供了方向和动力。通过明确的设定、有效的沟通和动态的调整，企业能够更好地引导团队，确保项目的顺利推进与成功实现。这不仅有助于提升团队的士气，还能确保创新成果能真正满足市场和用户的需求。

2. 用户中心化

用户中心化是一种设计和开发产品、服务和系统的方法，强调用户的需求、体验和反馈。它的核心理念是将用户放在设计过程的中心，以确保最终的产品能够真正满足用户的期望和需求。以下是关于用户中心化的几个关键点。

（1）理解用户需求

用户中心化的第一步是深入理解用户的需求。通过用户研究，如访谈、问卷和观察等，团队可以获得用户的真实想法。用户研究不仅能帮助团队了解用户的行为模式，还能揭示用户潜在的需求和痛点。创建用户画像是一个重要的工具，可以帮助团队将不同用户群体的特征和需求具体化，以便在设计过程中进行有针对性的思考和决策。

（2）设计思维

设计思维是用户中心化的核心方法论，它强调以用户为中心的迭代设计过程。团队需要通过反复的原型测试和用户反馈，不断优化产品。这种迭代过程允许团队在每一个阶段都收集用户的意见，确保最终产品能更好地满足用户的需求。设计思维不仅提高了设计质量，还能减少因方向错误而导致的资源浪费。

（3）用户体验

用户体验关注的是产品的可用性和情感设计。团队应确保产品界面友好、功能直观，以降低用户的学习成本。同时，情感设计旨在提升用户在使用过程中的愉悦感，使用户不仅仅是"使用"产品，而是"享受"产品。良好的用户体验能够增强用户的满意度，进而提高品牌忠诚度。

（4）用户参与设计

在用户中心化的过程中，用户的参与是至关重要的。设计团队应积极邀请用户参与设计，通过共同设计的方法确保最终产品符合用户的实际需求。此外，建立有效的反馈机制，让用户能够随时提供意见和建议，能够帮助团队持续改进产品，确保产品始终与用户的期望保持一致。

(5) 技术与用户中心化

技术在用户中心化中扮演着重要角色，特别是数据驱动的决策方式。通过分析用户的行为数据，设计团队可以发现潜在的用户需求和改进机会。此外，技术手段可以提供个性化体验，根据用户的偏好和历史行为，为每个用户提供独特的服务，从而提升用户的满意度和忠诚度。

(6) 持续评估

用户中心化的最后一步是持续评估和改进。定期进行用户满意度调查，可以帮助团队及时了解用户感受和需求的变化。此外，关注市场反馈和竞争动态，能够使企业迅速调整策略和产品，以保持竞争优势。这种持续的评估和调整机制，确保了用户中心化策略的长期有效性。

3. 跨部门协作

跨部门协作是不同部门之间有效沟通和合作，以实现共同目标的过程。跨部门协作在现代企业中至关重要，因为许多复杂的项目和任务往往需要多个部门的专业知识和资源的整合。通过跨部门协作，企业能够打破信息壁垒，促进知识共享，提升整体工作效率。

首先，跨部门协作有助于整合不同的专业技能和视角。每个部门都有独特的专业知识和经验，通过合作，各部门能够互相学习，形成更全面的解决方案。例如，产品开发部门和市场部门的紧密合作既可以确保新产品的设计既符合技术标准，又能满足市场需求。

其次，跨部门协作促进创新。不同部门的员工可以在多样的背景下碰撞出新的想法，从而推动创新。定期的跨部门会议可以激发部门员工的创造力，鼓励他们提出新的思路和解决方案。

最后，跨部门协作有助于提升员工的整体满意度和凝聚力。通过合作，员工能够更好地理解其他部门的工作流程和面临的挑战，增强了员工所在部门的整体意识。这种共同努力的氛围不仅提高了员工的工作积极性，还为企业营造了更积极向上的氛围。

4. 灵活的管理方法

灵活的管理方法，尤其是敏捷管理，是应对快速变化的市场和用户需求的一种有效策略。这种方法的核心在于其具有灵活性、适应性和用户导向性，能提高团队的响应速度和工作效率。

(1) 敏捷管理的基本理念

敏捷管理强调迭代开发和快速反馈，允许团队在项目生命周期中进行频繁的调整。与传统的瀑布模型不同，敏捷管理不拘泥于固定的时间表和计划，而是将项目分解为多个短期冲刺（通常为1～4周），每个冲刺都旨在交付一个可用的产品版本。这种方法使团队能够迅速识别问题，优化功能，确保最终产品能够更好地满足用户的需求。

(2) 反馈机制的重要性

在敏捷管理中，反馈机制至关重要。每个冲刺结束后，团队会召开评审会议，与用户和利益相关者共享成果，收集反馈。这种定期的反馈环节使团队能够迅速了解用户对产品的看法，识别出需要改进的地方。通过这种方式，团队能够及时调整开发方向，避免在项目后期发现重大缺陷或不符合市场需求的情况，从而节省时间和资源。

(3) 跨职能团队的协作

灵活的管理方法促进了跨职能团队的组建，团队成员来自不同部门，结合了各自的专业知识和技能。这样的团队合作不仅加快了项目进展，还促进了创新。由于团队成员能够直接沟通和协作，信息流动更加顺畅，决策过程也更加高效。此外，跨职能团队的协作增强了团队的凝聚力，使团队成员之间建立了更强的信任关系。

(4) 应对变化的能力

灵活的管理方法使企业能够更好地应对外部环境的变化。在快速变化的市场中，用户的需求和偏好可能会迅速改变。敏捷管理能够使团队快速响应这些变化，通过调整产品特性和功能来满足用户的新需求。这种灵活的管理方法不仅提高了用户满意度，还增强了企业的竞争力，使其在面对不确定性时更具韧性。

(5) 持续改进的文化

敏捷管理提倡持续改进的文化，团队在每次冲刺结束时都会进行反思，总结经验教训。这种反思环节能帮助团队识别工作中的不足之处，并提出改进建议，从而不断提升其工作效率。通过培养这种文化，企业能够建立一个积极向上的工作环境，激励团队成员不断追求卓越。

5. 技术基础设施

在数字创新项目流程中，技术基础设施是支持数据收集、分析和系统集成的关键要素之一。它不仅影响数字创新项目的实施效率，还直接关系到创新成果的质量和可持续性。

(1) 数据收集

有效的数据收集是数字创新的基础。技术基础设施应包括各种数据采集工具和平台，以便实时获取不同来源的数据。例如，企业可以使用传感器、IoT 设备、在线调查和社交媒体监测工具来收集用户行为、市场趋势和产品反馈等数据。这些工具能够使数据收集过程自动化，降低人力成本，并提高数据的准确性和及时性。

(2) 数据存储与管理

数据收集后，合适的数据存储和管理解决方案至关重要。企业应选择适合的数据库管理系统（关系型数据库、NoSQL 数据库等），以便高效存储和检索大量数据。此外，数据仓库和数据湖等技术可以整合不同来源的数据，确保数据的一致性和可访问性。这样，企业能够在需要时迅速获取所需数据，从而加快分析和决策过程。

(3) 数据分析能力

技术基础设施需为强大的数据分析提供支持。企业应配备先进的分析工具，如机器学习、数据挖掘和统计分析工具。这些工具可以帮助企业深入挖掘数据，识别潜在的趋势和模式，从而为决策提供科学依据。此外，数据可视化工具能够将复杂的数据以易于理解的方式展示，帮助企业更清晰地识别问题和机会。

(4) 系统集成

数字创新项目通常涉及多个系统和平台的协同工作，因此，确保系统之间的无缝集成至关重要。企业应采用 API、中间件和集成平台等技术，以便不同系统能够互相通信和共享数

> 数字创新

据。这种集成能够消除信息孤岛，提高工作效率，确保各个部门能够实时访问所需信息。

（5）安全性与合规性

在数字创新项目实施过程中，安全性与合规性是技术基础设施的重要组成部分。企业应确保数据的安全存储和传输，采用加密技术、访问控制和身份验证等措施，保护敏感信息免受外部威胁。此外，遵守相关法律法规（GDPR 等）有利于维护用户信任和企业声誉。

（6）灵活性与可扩展性

技术基础设施应具备灵活性与可扩展性，以支持企业未来的发展需求。随着业务的增长和技术的演进，企业可能需要引入新的工具和系统。因此，选择可扩展的技术平台和架构（云计算解决方案）能够确保企业迅速适应市场变化，灵活调整其技术资源。

6. 数据驱动决策

企业利用数据分析来指导决策，实时监测项目进展与效果，从而调整策略。

（1）数据收集与分析

团队需要系统地收集各种相关数据，包括用户行为数据、市场研究数据和内部运营数据。这些数据可以通过用户调查、网站分析工具或销售记录等方式获得。分析工具（数据可视化软件和统计分析工具）可以帮助团队识别数据呈现的趋势和模式，从而理解用户需求和市场动态。

（2）建立关键绩效指标

确定适合项目目标的关键绩效指标（KPI）是至关重要的。这些指标可以包括用户增长率、用户满意度、投资收益率（ROI）等。通过设置明确的 KPI，团队可以量化项目的目标，并为后续决策提供具体依据。

（3）实时监测

利用数据仪表盘和分析工具，团队可以实时监测项目的进展情况。这种实时反馈机制使团队能够迅速识别问题，如发现用户注册率低于预期等，及时采取措施进行调整。

（4）策略调整

当监测数据揭示出某些策略不奏效时，团队可以迅速进行策略调整。例如，如果市场分析显示竞争对手推出了更具吸引力的功能，团队可以考虑快速迭代自身产品，增加新功能或优化用户体验。

（5）持续反馈与学习

在项目执行过程中，持续的用户反馈和数据分析使团队能够不断学习和改进。这不仅包括定期的项目回顾，还应包含对新数据的不断分析，从而不断调整和优化项目策略。

7. 文化与心态

在讨论数字创新项目流程中，文化的建立与心态的培养至关重要。

（1）建立支持创新的企业文化

企业应明确创新是企业核心价值之一，并将其融入企业的使命和愿景中。这可以通过公司内部的宣传、培训和团队活动来实现，让每位员工都意识到创新的重要性。高层管理者应以身作则，积极参与创新活动，分享自己的创新想法和经验。高层管理者的开放态度会鼓励员工主动参与创新过程中。企业应创造一个开放、包容的工作环境，让员工感到安全，愿意表达自己的想法。企业可以设置定期的创新讨论会，让每个人都有机会分享自己的创意。

（2）鼓励试错与学习

企业要培养一种"失败是成功之母"的心态，允许员工在创新过程中犯错误，而不是惩罚失败。企业可以通过制定政策来保护那些尝试新想法的员工，如设立"试错基金"来支持小规模的实验；鼓励员工在失败中学习，通过事后分析来总结经验教训；可以定期组织"复盘会议"，让团队讨论哪些方法有效，哪些地方需要改进，并将这些知识共享；推动员工进行小规模的实验，验证新想法的可行性；通过原型测试或A/B测试等方式，快速获得反馈，进行迭代改进。

（3）激励员工提出新想法

企业设立创新奖项等奖励制度，鼓励员工提出新想法。企业可以根据创意的实施效果或对公司的贡献来给予奖励，激励员工积极参与创新，鼓励不同部门之间合作，组建跨职能团队。这样的团队可以汇聚多样的观点和技能，从而激发更多的创新思维。企业建立一个内部创意管理平台，让员工能够方便地提交想法，并对其他同事的创意进行投票和评论。这种平台不仅能激励员工参与，还能形成良性竞争，促使更多创意产生。

支持创新的企业文化需要自上而下的推动和自下而上的响应。通过营造包容、鼓励试错和学习的环境，企业可以激发员工的创造力，推动数字创新项目的成功实施。在这一过程中，高层管理者的作用至关重要，他们应成为企业文化变革的倡导者和实践者。

8. 持续投资与资源支持

在数字创新项目流程中，持续投资与资源支持是确保项目顺利推进与优化的关键因素之一。

（1）资金支持

企业需制定详细的预算规划，确保为数字创新项目分配足够的资金。预算应涵盖项目的各个阶段，包括研发、测试、市场推广及后期优化等。建议根据项目的不同阶段设定灵活的资金拨款机制，以应对潜在的风险和变化。数字创新往往需要长期的投入，而不仅仅是短期的资金支持。企业应意识到数字创新带来的收益往往是渐进的，因此需要制定长期的投资策略，确保在整个项目周期内都有稳定的资金流入。对于初创企业或资源有限的项目，可以考虑寻求风险投资或外部融资。这不仅能够提供资金支持，还可能带来专业知识和网络资源，有利于项目推进。

（2）人力资源支持

企业需建立由具有不同专业背景的员工组成的跨职能团队，确保项目在技术、市场、运营等方面都能得到全面的支持。团队成员应具有创新思维，能够快速适应变化，并在各自领域发挥特长。企业应为员工提供必要的培训和发展机会，提升他们在数字创新领域的技能和知识。定期的培训、工作坊和学习项目可以帮助员工掌握新技术和工具，增强他们的创新能力。在项目的关键阶段，企业可以考虑引入外部专家或顾问，提供专业的指导和支持，他们可以带来行业最佳实践经验和前沿的技术洞察，帮助团队快速解决问题。

（3）资源的持续优化

企业建立定期评估机制，监控项目的进展和资源使用情况。通过收集反馈和分析数据，及时调整资源配置，确保资金和人力资源得到高效利用。在项目推进过程中，市场环境和技术需求可能会发生变化。企业应保持灵活性，能够根据实际情况快速调整资源配置，以应对新的挑战和机会。企业建立创新孵化器或实验室，提供专门的空间和资源支持数字创新项目的研发和测试。这些专门的设施可以鼓励员工进行探索和实验，创造出更多具有潜力的创新想法。

（4）激励与文化支持

企业设立与创新成果挂钩的激励机制，鼓励员工积极参与项目的推进与优化。企业通过奖励成功的数字创新项目，增强员工的参与感和责任感。在资源支持的同时，企业应致力于建设鼓励创新的文化氛围，让员工感受到企业对持续投资与资源支持的决心，增强他们的信心和动力。

9. 市场适应性

（1）市场趋势分析

定期进行市场调研是确保项目方向与市场需求相符的基础。通过收集和分析数据，团队可以识别用户行为的变化、技术创新的趋势及竞争对手的动态。例如，团队利用数据分析工具监测社交媒体上的讨论，可以提前察觉新兴需求或潜在风险。

（2）灵活的项目管理

采用敏捷方法，团队能够快速迭代和调整项目。敏捷方法强调短期迭代和持续反馈，允许团队在每个开发周期结束时根据最新的市场信息调整功能或优先级。敏捷方法有助于减少时间和资源的浪费，确保最终产品与市场需求高度契合。

（3）建立反馈机制

与行业专家、用户和利益相关者保持开放的沟通渠道，能提供宝贵的市场洞察。定期举办焦点小组、用户访谈或在线问卷调查，可以收集用户反馈，并根据其建议进行调整。这种互动不仅增强了用户的参与感，还能确保产品持续满足市场需求。

（4）应对变化的策略

在项目实施过程中，团队应具备应急响应能力，快速识别和应对市场变化。若某项技术迅速普及，团队可以迅速评估其对项目的影响，并及时整合新的功能或改进方案，以保持竞争力。

10. 有效的沟通

在数字创新项目流程中，有效的沟通是确保项目成功的关键之一。以下是制定清晰沟通策略的几个要点。

确定目标受众：识别内部（团队成员、管理层）和外部（用户、合作伙伴）的利益相关者，了解他们的沟通需求和关注点。

制订沟通计划：制定一个时间表，明确何时、通过何种渠道（邮件、会议、报告）进行沟通，并确定沟通的频率和内容。

明确沟通内容：确保沟通内容包括项目进展、关键里程碑、成果展示及面临的挑战。使用简单明了的语言，避免使用过多专业术语。

利用多样化渠道：结合会议、新闻简报、在线平台和社交媒体等多种渠道，增强沟通信息的可及性和传播效果。

收集反馈：建立反馈机制，让利益相关者能够提出问题和建议，以便及时调整沟通策略，增强利益相关者的参与感。

定期更新：定期向利益相关者更新项目进展，确保大家对项目的认识保持一致。

4.1.4 数字创新项目的风险管理

在数字化转型加速的时代，企业面临前所未有的创新机遇和挑战。数字创新项目不仅涉及技术的应用，还伴随着风险，这些风险可能决定着项目的成功与否。因此，构建一套有效的风险管理体系显得尤为重要。以下将从整个流程的管理角度，探讨数字创新项目的风险管理，包括风险识别、风险评估、风险应对策略、风险监控、风险沟通和风险复盘六个关键阶段。通过理论和方法的结合，我们可以更好地理解如何应对数字创新项目中的不确定性，确保项目顺利进行并实现预期目标。

1. 风险识别

风险识别是风险管理的第一步，依据的是"风险管理生命周期"相关理论。根据《风险管理指南》(ISO 31000)，风险识别是了解项目环境及其不确定性的重要步骤。风险识别方法如下。

头脑风暴：这种方法鼓励开放讨论，借助团队多样的视角识别潜在风险。根据"群体思维理论"，集体智慧通常能够发现单独个体难以察觉的问题。

文献回顾：对行业最佳案例进行研究，能够有效捕捉历史经验教训。这种基于经验的风险识别方法能够增强团队的预见性。

专家访谈：借助专家的专业知识，团队能够更深入地识别特定领域的风险。这种方法强调利用专家的隐性知识，受到知识管理理论的支持。

2. 风险评估

风险评估依据的是"风险矩阵"相关理论，该理论通常将风险的可能性和影响程度进行组合，以确定风险的优先级。风险评估方法如下。

定量分析：使用统计方法对风险进行定量分析，能够提供客观的数据支持，减少主观偏差。例如，使用"蒙特卡罗模拟"来预测不确定性。

定性分析：通过团队讨论和专家判断，对风险进行分级，快速识别最重要的风险。此方法依赖"德尔菲法"，即通过匿名反馈收集集体智慧。

3. 风险应对策略

风险应对策略的选择基于"风险管理策略"相关理论，强调选择合适的策略以最小化风险的影响。风险应对策略如下。

规避：当风险带来的影响不可接受时，团队可以选择改变项目计划，从而消除风险。例如，重新设计项目范围以避开高风险区域。

减轻：实施措施来降低风险发生的可能性或影响。这种方法和"故障模式与影响分析"（FMEA）相辅相成。

转移：通过合同或保险将风险转移，这反映了"风险分散理论"，强调通过分散（转移）风险来降低整体影响。

接受：经过分析后，若决定不采取措施应对特定风险，此时应建立应急计划。这与"理性决策理论"相一致，即在成本效益分析中做出理性选择。

4. 风险监控

风险监控是风险管理的持续过程，基于"反馈循环"相关理论，风险监控强调通过反馈不断优化管理过程。风险监控方法如下。

定期检查：定期评估风险状态，确保及时发现新风险。这种方法强调"动态调整"相关理论，即根据实际情况不断优化风险应对策略。

指标跟踪：设定关键绩效指标，实时监测与风险相关的项目参数，以便及时做出反应。

5. 风险沟通

风险沟通的有效性依赖"沟通理论"，特别是"信息传播"相关的理论，该理论强调信息的清晰度和透明度对风险管理的重要性。风险沟通方法如下。

定期报告：定期提供项目风险状态更新，确保所有利益相关者对风险状况有清晰的认识。

沟通机制：建立高效的沟通渠道，鼓励团队成员报告潜在风险。沟通机制基于"团队协作"相关理论，强调团队内部信息流动的必要性。

6. 风险复盘

风险复盘过程基于"组织学习理论"，强调从经验中学习以提升未来决策的有效性。风险复盘方法如下。

评估回顾：对风险管理过程进行总结，分析成功与失败的因素，提炼可行的经验教训。

文档化：将经验教训记录成文档，以便为后续项目提供参考，增强组织的知识积累。

4.1.5 数字创新项目的评估与改进

在数字创新项目的评估中，通常采用定量和定性相结合的方法。定量评估可以通过关键绩效指标来进行，如项目的成本、时间和收益等数据。这些指标帮助团队量化项目的目标，辅助项目目标的达成。同时，定性评估可以通过用户反馈、团队评估和市场反响等方式进行，以便深入了解项目在实际应用中的表现和用户体验。

改进策略方面，持续反馈机制至关重要。团队应定期收集用户和利益相关者的意见，通过反馈分析来识别问题并进行相应的调整。此外，团队可以利用敏捷方法，快速迭代和调整项目，以适应不断变化的市场需求和技术进步。敏捷创新方法不仅能提高项目的适应性，还能增强团队的创新能力。

定期的项目审查与反思会是推动数字创新项目评估与改进的重要手段。通过回顾项目实施过程中的成功与不足，团队能够从中汲取经验教训，制定出更有效的策略，为未来的项目奠定基础。这样，评估与改进形成一个良性循环，促进数字创新项目不断优化。

4.2　数字创新项目的需求分析

当今，市场环境快速发展，数字创新项目需求分析是确保项目成功的关键步骤。它不仅帮助团队准确理解用户需求，还能为后续项目的设计与实施提供明确的方向。有效的需求分析能够深入挖掘潜在用户的痛点和期望，从而为数字创新项目奠定坚实的基础。以下是需求分析的几个关键环节。

1. 明确项目目标

需求分析需要清晰定义项目的总体目标。这包括了解为何要进行数字创新、期望解决什么问题，以及目标用户是谁。这一环节有助于确定后续需求分析的方向和深度。

2. 用户调研

通过问卷、访谈、焦点小组等方式收集用户反馈，深入了解用户的需求、偏好和痛点。这些数据能够帮助团队识别用户对数字创新的具体需求，如对字形、字义、可读性等方面的需求。

3. 市场分析

分析市场现有的产品和竞争对手，了解其优势和不足。这可以帮助团队确定数字创新项目的定位，以及项目如何在市场中脱颖而出。

4. 功能需求定义

基于用户调研和市场分析，明确项目需要实现的核心功能，如是否需要支持多语言、是否需要特定的字形变换工具、是否需要提供在线编辑平台等。

5. 可行性分析

在需求明确后，企业进行技术、经济和法律等方面的可行性分析，确保所提的需求在技术上可实现，且符合项目预算及相关法律法规。

6. 优先级排序

根据项目目标、用户需求和可行性分析结果，将各项需求进行优先级排序。这有助于团队将资源集中在最重要的功能上，确保项目按时交付。

7. 持续反馈与迭代

需求分析并不是一次性的任务。在项目实施过程中，企业应保持与用户的沟通，及时收集用户反馈，进行必要的调整和迭代，以确保项目能够持续满足用户的需求。

4.3 数字创新项目的团队协作

数字经济背景下的数字创新项目团队需要具备灵活性和适应性,以应对不断变化的外部环境。传统的团队结构和管理模式已无法满足当前的需求,因此,企业需要重新思考团队结构、沟通策略及管理策略,以提升团队的创新能力和执行能力。

4.3.1 团队结构

1. 跨职能团队

跨职能团队是数字经济时代的重要组成部分。例如,某科技公司在开发一款新型智能手机时,组建了跨职能团队,该团队包括工程师、市场分析师和设计师,他们通过频繁的沟通和合作,快速迭代产品设计,最终成功推出了市场认可的产品。

2. 扁平化团队结构

扁平化团队结构是提高协作效率的一个关键因素。相比传统的层级结构,扁平化团队结构减少了管理层级,使信息流通更加顺畅,团队成员能够直接与项目负责人沟通,快速获取反馈和决策。这种结构特别适合快速变化的市场环境,有助于团队迅速适应新情况并做出调整。例如,一家初创企业采用扁平化团队结构,团队成员在决策过程中有更多发言权。

3. 灵活的团队规模

灵活的团队规模是有效应对不确定性的关键。在数字经济中,项目的需求和复杂性可能会迅速变化,因此团队应该具备快速扩展或收缩团队规模的能力。小规模团队通常能更快做出决策,但在大型项目中可能需要临时增加人员,以确保项目的顺利进行。例如,在一个大型软件开发项目中,团队初期只有五个人,但随着项目复杂度的增加,团队迅速扩展至十个人,确保了项目的按时交付。

4.3.2 沟通策略

1. 数字沟通工具

有效的沟通是团队协作的核心。数字沟通工具的使用在当今工作环境中显得尤为重要。即时通信工具(Slack、Microsoft Teams 等)能够实现实时信息交流,减少传统电子邮件的使用频率。这些工具支持文件共享和视频会议,能够快速连接全球范围内的团队成员。在团队工作中,建议使用 Slack 进行日常沟通,并利用 Zoom 进行定期的视频会议,以增强团队成员之间的互动。

2. 项目管理软件

项目管理软件(Trello 和 Asana)能够帮助团队清晰地制定任务,确保每个成员对项目目标和责任有明确的理解。项目管理软件通常具备可视化界面,团队成员可以实时更新任务状态,以确保管理者能够及时掌握项目进展。团队应定期使用项目管理软件进行任务分配和进度跟踪,以提高整体工作效率。

3. 定期会议

定期的会议是沟通策略中的重要组成部分。设定短暂的日常会议或每周会议能够为团队成员提供一个分享进展、讨论问题的平台。会议应强调高效,避免在会上展开冗长的讨论,确保每个成员都能在有限的时间内表达意见。建议每周召开一次 15 分钟的站立会,让每位团队成员分享当前进展和遇到的问题。

4.3.3 管理策略

1. 敏捷管理

在数字经济背景下,采用敏捷管理能够显著提升团队的灵活性和响应速度。敏捷方法,如 Scrum 和 Kanban,强调短期迭代与反馈,使团队能够频繁评审和调整工作,确保项目始终朝着用户需求和市场变化的方向发展。团队可以采用 Scrum 进行项目管理,设置短期迭代目标,定期进行回顾和调整。

2. 激励机制

激励机制是管理策略中不可忽视的部分。建立明确的绩效考核与奖励机制,能够激励团队成员积极参与创新过程。通过设定具体的目标和绩效指标,企业能够更好地评估团队的贡献,并根据贡献给予相应的奖励。

3. 领导力

优秀的领导者在团队管理中发挥着至关重要的作用,他们能够在变化中提供清晰的愿景和方向,激励团队成员发挥最佳表现。同时,领导者应鼓励开放的沟通和反馈文化,让团队成员感到被重视和被支持。领导者应定期与团队成员进行一对一的沟通,了解他们的需求和建议,以促进团队的凝聚力。

在数字经济的背景下,团队协作的有效性直接影响到企业的创新能力和市场竞争力。通过优化团队结构、沟通策略和管理策略,企业能够提高团队的协作效率,推动数字创新项目的成功实施。数字经济时代的团队协作需要灵活性、开放性和适应性,以应对未来的各种挑战。

4.4 数字创新项目的原型设计

数字创新是企业获得竞争优势的关键,而原型设计是数字创新过程中不可或缺的一部分,它帮助团队在早期阶段验证产品概念、功能和用户体验。本节探讨数字创新项目的原型设计的意义、方法、测试过程和最佳实践。

4.4.1 原型设计的意义

原型设计是将创意转化为可视化或可操作的模型的过程,其意义如下。

验证想法:通过创建原型,团队可以快速验证产品的可行性,避免在开发过程中耗费大量资源。

用户反馈：原型提供了一个与用户互动的机会，能够获取真实的用户反馈，帮助团队了解用户需求和潜在问题。

降低风险：在产品开发的早期阶段发现问题，可以大幅降低后续开发和市场推出的风险，节省时间和资金。

4.4.2 原型设计的方法

1. 低保真原型

低保真原型通常使用简单的工具，如纸张或线框图软件，快速构建产品的基本布局和功能。这种方法的优点是速度快、成本低，适合在初期阶段进行头脑风暴和概念验证。例如，某初创企业在开发一款社交应用时，团队要绘制纸质线框图，展示应用的主要功能和界面。这种方法可以帮助团队在开发前识别用户的基本需求。

2. 高保真原型

高保真原型则更接近最终产品，通常使用设计软件（Adobe XD、Figma）进行构建，能够展示更细致的用户界面和交互功能。高保真原型适用于用户测试和市场验证，能够有效反映产品的实际使用情况。例如，在开发电子商务网站时，团队使用 Figma 创建了高保真原型，模拟了完整的购物流程，并在用户测试中获得了宝贵的反馈，进一步优化了用户体验。

3. 可交互原型

可交互原型结合了低保真原型和高保真原型的特点，允许用户与产品进行交互，模拟真实的使用体验。使用工具如 InVision 或 Axure，团队可以创建更具沉浸感的原型，帮助团队和用户进行更深入的讨论。例如，某科技公司在推出一款新软件时，使用 Axure 制作了可交互原型。用户能够通过原型进行实际操作，团队在此基础上可以收集针对界面和功能的详细反馈。

4.4.3 原型设计的测试过程

原型设计的测试是验证原型设计的过程，通常包括以下几个步骤。

1. 目标设定

在进行原型设计的测试之前，团队需要明确测试目标，如评估用户体验、识别功能缺失或收集用户对特定功能的反馈。清晰的目标能够帮助团队制定有效的测试方案。

2. 招募用户

选择合适的用户参与测试至关重要。团队应确保选择的用户是能够代表目标市场的典型用户，样本的多样性能够提升反馈的广泛性和可靠性。

3. 测试执行

在测试过程中，团队应观察用户的操作行为，记录用户的反馈和疑问。这可以通过直接观察、访谈或使用屏幕录制工具来实现。重要的是，团队要鼓励用户自由表达意见，不应对用户的反馈产生影响。

4. 数据分析

测试结束后，团队需对收集的数据进行分析，识别用户在使用过程中遇到的问题、对某些功能的接受度及建议，为后续的产品改进提供依据。

5. 迭代改进

根据用户反馈，团队应对原型进行迭代改进、优化设计、调整功能或改进用户体验，形成一个循环的开发过程，从而达到满意的产品标准。

4.4.4 原型设计的最佳实践

1. 早期测试

团队在项目初期就进行原型设计的测试，能够尽早发现潜在问题，减少后续的修改成本。

2. 用户中心设计

团队始终将用户需求置于设计的核心，通过持续的用户反馈指导设计和开发。

3. 敏捷迭代

团队采用敏捷方法，快速迭代原型设计，确保每一轮的反馈都能为下一个版本的改进提供支持。

4. 跨学科合作

企业鼓励设计、开发和市场团队之间的合作，通过多角度的讨论提升原型设计的质量和适用性。

原型设计是数字创新项目成功的重要环节。通过有效的原型设计，团队能够快速验证产品概念，收集用户反馈，优化设计，从而提升最终产品的成功率。在数字经济时代，掌握这些技能将为高校学生在未来的职业生涯中打下坚实的基础。希望本节能为读者提供灵感和实用的指导，推动读者的数字创新项目取得成功。

4.5 数字创新项目的实施与推广

企业要不断寻求数字创新项目以提升自身竞争力和市场地位。实施与推广数字创新项目不仅在于技术的研发，更涉及市场需求的准确把握、资源的合理配置，以及团队的高效协作。本节旨在探讨影响数字创新项目实施与推广的关键要素。

4.5.1 数字创新项目的实施

1. 规划阶段

在实施数字创新项目前,企业需要制定详尽的项目规划。此阶段包括确定项目目标、市场定位、目标用户及所需资源。一个清晰的规划可以为后续的实施奠定基础,并确保各方目标一致。例如,企业使用 SMART 原则来设定项目目标,以确保目标的明确性和可操作性。

2. 团队组建

一个成功的数字创新项目离不开强有力的团队支持。团队成员应具备多样的专业背景,能够从不同角度分析问题和提出解决方案。同时,团队内部的沟通和协作至关重要。例如,企业可以选择具有不同技能和经验的成员组成跨职能团队,以提升创新能力和执行力。

3. 项目管理

在项目实施过程中,有效的项目管理能够确保资源的高效利用和任务的按时完成。使用项目管理工具(Trello、Asana)可以帮助团队跟踪进度、分配任务、进行沟通和反馈。例如,企业定期召开项目进度会议,确保团队成员对项目进展有共同的理解,并及时解决出现的问题。

4.5.2 数字创新项目的推广

1. 市场调研

企业在推广数字创新项目前,进行市场调研是不可或缺的。了解目标市场的需求、竞争对手的情况及潜在用户的反馈,能够帮助企业制定有效的推广策略。例如,企业利用问卷调查、访谈和焦点小组等方法收集用户反馈,确保推广策略能够满足市场需求。

2. 营销策略

推广数字创新项目需要制定切实可行的营销策略。数字营销手段如社交媒体营销、电子邮件营销和内容营销等,能够有效提升项目的曝光度和用户参与度。关键在于根据目标用户的偏好选择合适的渠道。例如,企业制定多渠道的营销方案,结合线上与线下的活动,以最大化覆盖目标用户。

3. 用户体验

用户体验(UX)是推广成功的关键因素。确保产品在用户使用过程中的友好性和便捷性,有助于提升用户的满意度和忠诚度。通过不断优化用户体验,企业能够在激烈的市场竞争中脱颖而出。例如,企业定期收集用户反馈,并进行 A/B 测试,持续改进产品,提升用户体验。

4.5.3 持续改进反馈机制

在数字创新项目实施与推广的过程中,建立持续改进的反馈机制尤为重要。通过不断收集用户反馈和市场数据,企业能够及时调整策略,优化产品,提升用户满意度。例如,企业使用数据分析工具监测用户行为,定期评估推广效果,根据结果调整策略。

数字创新项目的实施与推广是数字经济时代企业发展的关键环节。通过合理的规划、强有力的团队支持,以及有效的推广策略,企业能够在竞争激烈的市场中获得成功。

案例:某在线教育平台的数字化转型

随着数字经济的蓬勃发展,在线教育市场经历了深刻的变革。特别是在新冠疫情背景下,传统教育模式面临巨大挑战,许多教育机构开始寻求数字化转型以适应新的市场需求。本案例将探讨某在线教育平台的数字创新项目实践,分析其实施过程中的挑战与成功因素,为其他机构提供借鉴。

一、背景与目标

1. 行业背景

在新冠疫情之前,在线教育的市场规模虽然也在增长,但仅作为线下教育的补充形式存在。许多学生和家长对在线教育的接受度有限。然而,新冠疫情迫使学校停课,在线教育成为唯一的学习方式。这一变化使在线教育平台的需求激增,市场竞争也随之加剧。

2. 项目目标

该在线教育平台的数字化转型项目旨在提升用户体验,增强用户黏性;扩大市场份额,吸引更多用户;提高运营效率,降低运营成本。

二、项目规划

1. 市场调研

项目启动前,团队进行了广泛的市场调研,了解用户需求和市场动态。通过问卷调查和访谈,团队收集了大量用户反馈,发现以下几个关键需求。

互动性:用户希望能够与教师和其他学习者进行实时互动。

个性化:用户希望课程内容能够根据个人学习进度和兴趣进行调整。

可访问性:用户希望能够随时随地访问课程内容。

2. 项目定位

根据市场调研结果,团队确定了项目的定位,即打造一个"智能在线学习平台",不仅提供高质量的课程,还利用数据分析和人工智能技术提供个性化的学习体验。

三、项目实施

1. 团队组建

为了确保项目的顺利实施,团队由技术开发人员、教育专家、市场营销人员和用户体验设计师组成,各职能的紧密合作是项目成功的关键。

2. 技术架构

平台采用微服务架构,使不同功能模块能够独立开发和部署,技术架构基于云计算、数据分析和人工智能技术构建。

云计算:使用云服务提供灵活的存储和计算能力。

数据分析:引入大数据技术,实时分析用户行为,为个性化推荐提供支持。

人工智能:利用机器学习算法,根据用户的学习习惯和表现调整课程内容。

3. 用户体验设计

团队重视用户体验,在平台设计上采用简洁直观的界面,确保用户能够方便地找到所需课程,并通过 A/B 测试和用户反馈不断优化设计。

4. 内容开发

与行业内的教育专家合作,开发符合市场需求的课程内容,并引入多媒体元素,如视频、互动测验和讨论区,提升学习效果。

四、项目推广

1. 营销策略

项目实施后,团队制定了多渠道的营销策略,重点在以下几个方面。

社交媒体广告:通过平台的社交媒体账号发布课程信息和用户评价,吸引潜在用户。

线上活动:举办免费的公开课和学习挑战赛,鼓励用户注册并体验平台。

合作推广:与学校、教育机构建立合作关系,共同推广课程。

2. 用户反馈与改进

在推广过程中,团队持续收集用户反馈,并对平台进行改进。例如,针对用户提出的某些课程难度过大的问题,团队调整了课程结构,增加了基础课程,以便更多用户能够顺利学习。

五、成果与反思

1. 项目成果

经过几个月的实施,该在线教育平台取得了以下成果。

用户增长：注册用户从启动前的 5000 人增加至 50000 人，市场份额大幅提升。

用户满意度：根据用户反馈调查，平台的整体满意度达到 90% 以上，用户黏性显著增强。

收入增长：在线课程销售收入较前一年增长了 300%。

2. 经验教训

在项目实施过程中，团队总结了以下经验教训。

数据驱动决策：持续的数据分析有助于了解用户的需求和行为，能够及时调整产品和市场策略。

团队协作：跨职能团队的有效协作是成功的关键，各个职能的结合能够产生更好的创新效果。

灵活应变：在面对市场变化时，企业需要保持灵活应变的能力，能够快速调整策略以应对新的挑战。

六、结论

该在线教育平台的数字化转型项目展示了数字创新在教育行业的重要性与可行性。通过深入的市场调研、科学的项目管理和持续的用户反馈，该在线教育平台不仅成功地提升了用户体验，还显著扩大了市场份额。希望本案例能够为其他教育机构的数字创新项目提供参考和启发。

参考文献

[1] CHRISTENSEN, EYRING. The Innovative University: Changing the DNA of Higher Education from the Inside Out[M].[S.L.]: Wiley, 2011.

[2] KUK G, ENG T. Digital Innovation in Higher Education: The Role of Institutional Context[J].Technology, Pedagogy and Education, 2015, 24(1): 1-20.

[3] RICCOMINI F E, CIRANI C B S, CARVALHO C C, et al. Educational Innovation: Trends for Higher Education in Brazil[J].International Journal of Educational Management, 2021, 35(3): 564-578.

[4] KPMG. The Future of Education: Digital Transformation in Learning[R].[S.L.]: KPMG Report, 2020.

[5] SIEMENS G. Learning Analytics: The Emergence of a Discipline[J].American Behavioral Scientist, 2013, 57(10): 1380-1400.

[6] BAKER R S, MARTIN T, ROSSI L M. Educational Data Mining and Learning Analytics [J].The Wiley Handbook of Cognition and Assessment: Frameworks,Methodologies, and Applications, 2016: 379-396.

[7] ZHANG D, ZHENG Y. Understanding the Impact of Online Learning on Student Engagement: A Review of the Literature[J].Educational Technology Research and Development, 2020, 68(6): 3269-3294.

[8] BRESLAUER A MCKINSEY R. The Future of Online Education:Trends and Predictions [R].[S.L.]: McKinsey Report, 2021.

[9] KUMAR V, GUPTA R. Digital Transformation in Higher Education: Challenges and Opportunities[J].Journal of Higher Education Policy and Management, 2020, 42(2): 129-145.

[10] HWANG G J, CHENC H. I nnovative Teaching and Learning: A Case Study of an Online Learning Platform[J].Educational Technology & Society, 2020, 23(2): 165-177.

第 5 章

组织数字创新

制定数字化战略是企业转型的重要机遇。在制定数字化战略的过程中，企业要融合战略目标、业务需求、企业文化，绘制数字价值实现蓝图。数字化战略会明确企业的业务重点，引发业务部门的变动，转变组织工作的重点，促使各管理职务及部门之间关系的相应调整。本章重点讨论制定数字化战略的要点，以及数字化战略对组织架构设计的影响。

5.1 数字化战略指明企业转型的方向

中国已经成为全球市场经济中的重要组成部分，全球化、市场化、规范化和数字化的程度越来越高，中国企业越来越深入地融入全球商业竞争环境中。其中，追求卓越的企业在一波又一波的竞争浪潮中不断蜕变，实现了一次又一次的成功转型；而平庸的企业则在产业链的底端苦苦挣扎，甚至被无情淘汰。正如大浪淘沙，最后存留的才是真金。建立一个品牌需要长时间的积累，但在如今快速变化的市场中，企业要想实现长期的成功是极具挑战性的。正因如此，卓越的企业不仅要坚持清晰的战略目标，还需要在关键时刻灵活调整，以实现长久的发展和永续经营。

大数据时代的到来，为企业的转型提供了历史机遇。大数据技术的应用使企业能精准地预测客户的需求，实现企业与客户的双赢。被誉为"大数据商业应用第一人"的维克托·迈尔·舍恩伯格在他的著作《大数据时代》一书中说："新兴市场国家在 20 世纪，依靠廉价劳动力成本取得了优势，到 21 世纪，西方国家将因为数据所带来的效率和生产力的提高而重新夺回优势。"换句话说，成功应用大数据技术，形成可持续的竞争优势，将是企业保持可持续竞争力的核心。

现在，已经有许多借助大数据实现企业转型的成功案例。正如通用电气公司（General Electric Company, GE）首席执行官杰夫·伊梅尔特在 2014 年的"Minds ＋ Machines"大会上的开场白："你昨晚入睡前还是一个工业企业，今天一觉醒来却成了软件和数据分析公司，这就是现实中发生着的巨变。"在大数据时代，劳动力成本的重要性将降低，而对大数据的分析能力变得越来越重要，大数据结合物联网将使 GE 取得了竞争优势。GE 预测，到 2030 年，GE 将通过提高效率、降低成本等途径，为全球 GDP 贡献 15 万亿美元。GE 认为，燃油效率提高 1%，就会给航空业在未来 30 年内节约 300 亿美元的成本。在金融、零售、物流领域，大数据帮助传统企业成功转型的案例也不在少数，在美国的苹果公司和中国的小米公司进入互联网家电行业后，对中国传统家电行业造成了很大的冲击（见图5-1）。这些互联网企业运用大数据平台战略，创造出新的生态圈及更多盈利点，他们不需要在电视硬件上赚钱，让高成本的传统家电企业（长虹、TCL）非常头疼。在中国，有一部分具有前瞻性的企业家正努力地带领他们的企业尝试借助大数据技术进行转型，其中典型的行业就是传统家电行业。

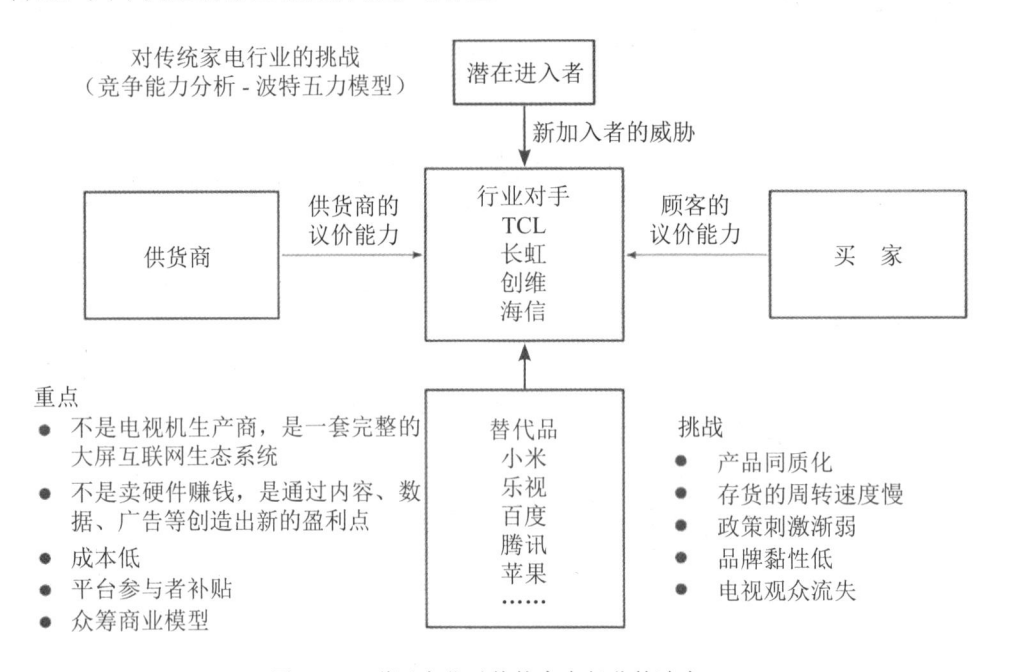

图5-1　互联网企业对传统家电行业的冲击

美菱正尝试利用大数据实现战略转型，由一家冰箱制造商转变成为一家服务提供商。美菱规划建立一个平台（见图5-2），不仅卖冰箱，还将提供食品服务。虽然硬件产品利润低微，甚至无利润，但完全可以通过数据运营创造新价值。产业链的健康与生态的繁荣是家电企业在大数据时代成功转型的关键。除了美菱，其他主要的传统家电企业也纷纷推出自己的平台，如TCL的"双+"战略、格兰仕的"白色免费"及海尔的"海立方"和"日日顺"等。就如西方所发生的转型一样，在金融、零售、物流等领域，中国传统企业也在积极探索如何在数字化时代成功转型，成为数字化时代的行业领导者。

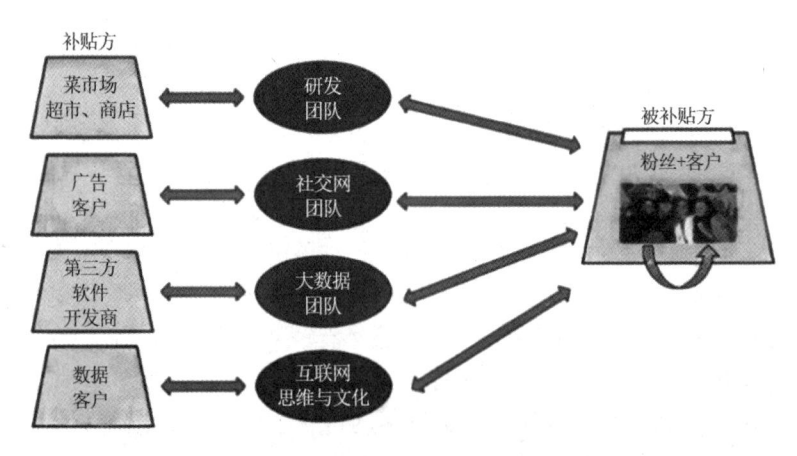

图5-2　美菱规则建立的战略转型平台

5.2 企业制定数字化战略的要点

大数据和数字化已经成为企业战略转型的新机遇,如何实现大数据背景下的成功转型,已成为企业决策者和管理者必须面对的现实问题。人力、物力、财力、技术和数据是否足以支撑企业成功实现数字化战略转型?这些因素当然重要,如果想把大数据的价值完全释放出来,企业必须深入思考以下三个关键要点。

5.2.1 融合业务需求

数字化的应用一定是问题和需求驱动的。企业或政府面临那些需要迫切解决的业务或社会问题,但采用现有的分析方法或专家的经验难以找到合适的解决方案。在这种情形下,如果应用数字化方案能够解决问题,那么数字化与业务融合的需求就出现了。

例如,前面提及的美国 GE 公司,他们面临两个亟待解决的重要商业问题:为什么现在客户忠诚度降低了?可以采取什么措施来提升客户忠诚度?新的挑战者正在趁机抢夺他们的市场,解答这两个问题刻不容缓。经过深入研究和分析,GE 公司发现,设备维修次数增多是一个关键因素。更糟糕的是,客户等待维修的时间也越来越长,导致客户在漫长的等待过程中,生产力受损,错失市场机会,进而失信于他们的合作伙伴。GE 公司的数据专家了解这一问题后,运用大数据准确地预测了 GE 公司生产的设备可能出现问题的周期,在故障出现前就派遣合适的技术人员,并配送相应的零件到合作伙伴的公司。这个转变大幅提升了客户对 GE 公司的信任度及忠诚度,成为 GE 公司一个非常重要的核心竞争力。

5.2.2 绘制大数据价值实现的蓝图

数字化价值实现的过程不是一项有时间节点的工作。若要真正把数字化的价值完全释放出来,企业必须在这个过程中有规划地分阶段实施数字化项目。数字化价值实现过程分为以下四个阶段:业务监控和探查、业务优化、数据货币化和驱动业务转型(见图5-3)。

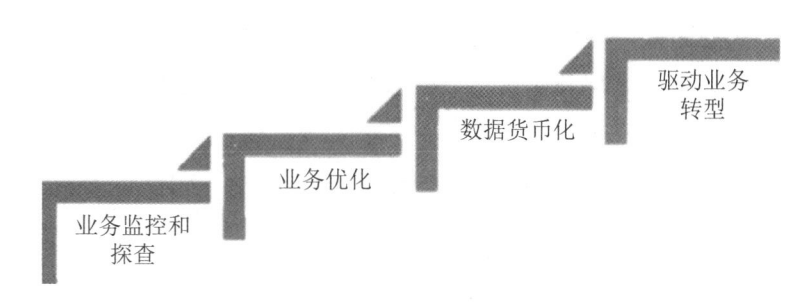

图5-3 数据化价值实现的四个阶段

第一阶段是业务监控和探查。整合企业内部数据,并让企业各个级别的员工都能运用内部数据,帮助他们在业务和运营上更有效地进行决策及工作。招商银行在建立大数据应用体系的过程中,始终围绕着平台建设、数据获取和应用创新这三个基本点开展工作,不是在乎数据量的大小,而是在乎数据的实用性。2012 年,招商银行开始接触大数据领域,尝试了第一个基于 Hadoop 技术搭建的数据分析和查询平台——通过对访问招商银行"一网通"网站的一卡通客户和信用卡客户的行为对比分析,招商银行发现,信用卡客户在网站的停留时间相对较长一些，导致这个差异化的原因是，招商银行一网通站点里面的信用卡的栏目与互动性的内容比较多，一部分信用卡客户会在这些内容和栏目之间跳转。招商银行通过路径分析，正确地判断了客户的喜好、需求，并最终形成不同的客户标签，再结合算法引擎，对客户标签进行计算和分类，并把客户分类与产品进行匹配，得到了客户最有可能需要的产品列表。招商银行在各个客户接触点部署客户识别模块，在客户到达时，及时地对客户进行有针对性地营销，提高销售效率。招商银行通过这样的大数据分析方式，重塑了销售业务格局。

第二阶段是业务优化。通过整合企业的内部和外部数据，建立预测模型，企业可以找出最有价值的市场、客户、产品及人力资源，使有限的企业资源能够合理配置到投资回报率最高的地方，实现资源利用效益最大化。

第三阶段是数据货币化。除了优化企业现有业务，在第一阶段及第二阶段累积下来的数据可以进一步整合并释放它们的价值。Gartner 认为，虽然"个人信息货币化"这一从大数据中获取价值的方式目前还没有像其他策略那样被广泛地使用，但是在不久的将来，这种方式可能会变得越来越流行。

第四阶段是驱动业务转型。前三个阶段累积下来的数据经过进一步整合和利用，会产生一种新的商业模式，甚至形成一个新的行业。当前，我们见到的阿里巴巴和谷歌的跨界战略就处于这个阶段，都是由于在前三个阶段累积的数据让他们了解了客户的行为和偏好，指导他们的业务向其他新兴的行业方向发展。成立于 1999 年的阿里巴巴，做的第一件事情就是建立一个批发平台，帮助中国的中小企业在全国和全球范围内寻找贸易机会。目前，阿里巴巴已发展成为大型公司，年交易额高达 4000 亿美元，每日交易笔数达 4000 万笔。阿里巴巴积累了巨大的消费者数据，每一笔交易都是真实且实时的——知道谁是买家、他的地址、他最喜欢的品牌，知道他是否有小孩、他会不会购买儿童用品。如何用这些消费者数据来帮助合作伙伴在中国发展业务，这正是阿里巴巴现在做的事情。现在，阿里巴巴正背靠强大的移动互联网生态，建设一个数据驱动的市场营销平台。通过这些措施，阿里巴巴未来的定位将是一家数据公司。

当企业开始贯彻一个大数据价值的实现过程时，只有规划好以上四个阶段，才能真正把数字化的价值完全释放出来。

5.2.3　融合企业组织和战略

数字化项目失败的原因有很多，但组织、文化及大数据治理是最大的挑战。当企业开始执行一个数字化价值实现过程时，必须有策略、有步骤地展开。例如，大数据项目由哪个部门负责？企业领导及各个层级的员工有多了解和支持大数据项目？如何处理公司治理方式及权力架构对大数据项目的影响？数据由哪个部门管控？谁负责制定有关的数据安全？解决这些问题需要一个与企业战略一致的数字化战略，把大数据的价值与企业的使命联系在一起，让员工都能看得到这个关联性。

培养数据驱动型企业，营造信任数据的文化氛围，二者至关重要。成立跨部门委员会是管理企业大数据价值实现过程最为行之有效的方法。跨部门委员会能统筹及整合企业资源，将大数据资源配置到那些最重要的部门。跨部门委员会另一个重要责任是，配合公司治理，制定大数据治理政策、流程、员工培训及问责机制。

5.3 数字化战略对组织的影响

5.3.1 组织架构设计要素

"组织架构必须服从于战略"这句话表明了战略和组织架构的关系。企业战略的演变必然要求适时调整组织架构,而所有组织架构的调整都是为了提高企业战略的实现程度。企业战略从两方面影响组织架构。首先,不同的战略对应不同的业务活动,它们会影响管理职务和部门的设计。具体表现为战略收缩或扩张时,企业业务单位或业务部门的增减等。其次,战略重点的改变会引起组织工作重点的改变,还可能引发各部门与管理职务在企业中重要程度的改变,并最终导致各管理职务,以及部门之间关系的相应调整。

组织架构决定了企业内部人员的划分方式,组织架构的设计既要鼓励不同部门和不同团队保持独特性以完成不同的任务,又要能够将这些部门和团队整合起来,为实现企业的整体目标而合作。组织架构的设计就是将权利与义务进行分配和确定,并采用适当的控制机制实现企业的战略。

在企业内部,不存在任何自动系统可以将决策权分配给掌握信息的个人,也无法激励个人利用有关信息以实现企业目标,权利与义务的划分和激励完全依赖组织架构调整。组织架构是由企业决策层和管理层通过组成公司的各种正式的或非正式的文件或约定的形式形成的。例如,决策层通过正式的工作说明书将权利分派给相应职位的员工,而业绩评估和奖励则通过正式的和非正式的报酬形式予以确认。一般的组织架构是由公司高层管理者设计和实施的,设计组织架构的过程实际上就是在企业内部各管理层级之间进行各种决策权利划分和分配的过程,组织架构设计的结果是形成与企业自身特征相适应的权利等级系统和指挥控制系统。决策权的配置方式是组织架构设计过程中要考虑的核心问题。组织架构的设计通常要考虑的三大要素包括决策权、控制和授权(见图5-4)。

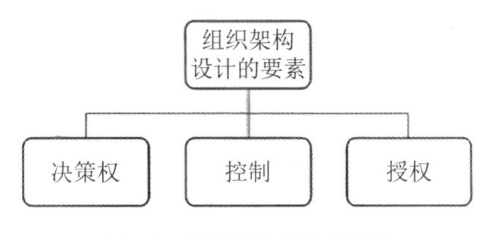

图5-4 组织架构设计的要素

1. 决策权

对于大多数企业而言,其内部资源都是通过管理者决策并分配的。例如,总裁通常会通过命令将一个经理从公司的一个部门调换到另一个部门。公司的高层管理者必须决定如何在员工间分配决策权。例如,是由总裁做出绝大多数的主要决策,还是由下层经理做出部分决策,员工是否可以不按公司操作手册所规定的程序进行操作等。

2. 控制

通过决策,员工被赋予使用公司资源的权利。然而员工并不是这些资源的所有者,他们不能卖掉公司的财产,将销售收入占为己有。因此,与真正的所有者相比,员工并无有效使用公司资源的原始动力。为控制成本,管理者必须设计并建立公司的控制系统,即管理者必须设计组织架构的另外两个基本方面,即激励和业绩评估系统,从而使决策者的利益和使用者的利益保持一致。最优的控制系统取决于决策权在企业内部如何被恰当划分。

3. 授权

一旦企业成长超过一定规模,管理者就不可能掌握所有与决策相关的全部信息。在设计组织架构时,管理者就会面临三种基本的选择。第一种选择,管理者继续做出所有的主要决策,尽管缺少相关信息。在这种情况下,代理问题是有限的,因而详细的控制系统并非十分紧要。然而,有时管理者的决策很可能不是最优的。第二种选择,管理者可以努力获取相关信息,以便做出更好的决策。这一选择可以提高决策的质量,但获取和处理相关信息可能会耗费高额的成本和大量的时间。第三种选择,管理者可以将决策权分配给掌握具体信息的其他员工,但是,下放决策权将引起代理问题的增加,而这意味着必须开发有效的控制系统。授权的一个潜在问题是管理者要在整个公司中协调各下级单位的活动,从而增加有关信息在公司内部的传递,这会带来相应成本的增加。当然,管理者可以将这些方案加以组合。例如,管理者可以保留一些决策权,而将部分决策权下放给员工。最优选择取决于公司所处的环境及公司所采取的战略。

组织架构所研究的基本问题是,如何构造企业内部有效而合理的权利配置体系,以及如何建立有效的员工行为控制系统,以保障权利在与职责相匹配的基础上得以正常行使,促进企业运营效率的提高。管理者在组织架构的确定中扮演着重要的角色。一般情况下,组织决策由高级管理者做出。当管理者将部分决策权下放给中层管理者时,这些管理者必须决定将哪些决策权保留在自己手中,而将哪些决策权进一步下放给下属,这些下属也会面临类似的问题。通过这个过程,一个组织的决策体系最终得以确定。

5.3.2 数字化战略对组织架构设计的影响

有研究者指出,目前已有的多数 IT 治理模式仅考虑到单一因素的影响,而事实上,企业的 IT 治理受到多种因素和力量的支配,其中一个关键挑战在于竞争环境的不确定性。随着企业内部状况和外部环境的变化,企业战略在保持相对稳定的情况下,企业可能会产生某个重要领域的发展战略,如数字化战略。企业总体战略和数字化战略之间保持对应关系,而战略与组织架构之间也存在联系。近年来,随着大数据治理问题得到广泛的重视,企业需要考虑大数据战略,由此衍生出与之相适应的组织架构,因此业务战略和大数据战略对组织架构产生了影响。这种影响包括对组织业务流程的影响,以及与大数据治理相关的组织架构的影响。

战略对组织架构的影响是通过组织架构设计的三大要素(决策权、控制和授权)奏效的。从治理的角度理解数字化,本质是将数据视为企业的一项重要资产,需要进行相应的管理和开发,而这项工作的顺利完成,需要设置相应的决策权、控制和授权。

1. 决策权

一旦涉及企业治理结构,就会与股东会、董事会、监事会和经理阶层的权利分配模式产生联系。数字化治理带来的组织架构的影响,也体现在责权的分配方面,最典型的问题是数字化治理工作的责任及其相关权力的划分。例如，在企业高层管理者的权责设计方面，出现了首席数据官（CDO），他具有在数据治理方面的决策权，同时对企业的首席执行官（CEO）负责。例如，阿里巴巴建立了集团层面的数据资产部，并在职能设计上，要求相关的业务部门向数据资产部汇报。完善的大数据治理决策权力体系，涉及从公司的高层管理者一直到具体的事务操作者。以某大型国有能源集团（简称"能源集团"）为例，近几年开始推进数字化治理工作，经过多年的探索和尝试，能源集团初步建立了数字化治理的组织架构，包括最高级别的数据治理领导小组、信息及数据治理部、业务部门和数据治理项目小组四个层级的权利分配体系。各个层级的权利与责任如表 5-1 所示。

表 5-1　能源集团大数据治理的组织架构及其权责分配

组织层级	权利与责任
数据治理领导小组	数据治理的最高级别领导机构，集团首席信息官任组长，信息治理部门领导和相关业务部门主管领导作为小组成员，负责总体决策和部署
信息及数据治理部	大数据治理工作的主导部门，负责推动具体工作，内设数据治理组，数据治理组是具体的执行单位，负责制定数据治理指标，收集与数据治理相关的需求，并负责解决和落实
业务部门	数据治理的重要参与方，是数据管理的责任人，也是产生数据和使用数据的部门，对本部门的数据安全、质量负责，对共享数据的标准进行认定
数据治理项目小组	设置有项目数据主管和项目数据管理员，负责把数据治理工作落实到实施项目中；数据治理项目小组对数据治理的标准需要落实到数据架构、实施和持续维护层面

2. 控制

控制的直接表述就是做到有奖有罚，主要是指绩效评估和激励。绩效评估是运用一定的评价方法、量化指标及评价标准，对某一部门实现其职能及预算的执行结果进行的综合性评价。数字化治理的绩效评估就是对大数据相关权责方的工作成果进行评估。在开展大数据治理的背景下，绩效评估需要把和大数据治理相关的工作内容纳入绩效评估的体系中。以能源集团为例，为了促进主数据建立工作，他们把主数据的质量作为一项重要的考核指标纳入信息与数据治理部的治理小组工作人员主要绩效指标考核中，对主数据的建立工作发挥了重要的推动作用。

激励是激发人的行为的心理过程。激励这个概念用于大数据治理时，是指激发员工开展大数据治理的工作动机，即企业使用各种有效的方法去调动员工的积极性和创造性，使员工努力完成大数据治理的具体任务，实现企业在大数据治理方面的目标。激励不仅需要采取物质奖励，还应该不断培养员工，满足他们在学习和成长等方面的需求。

3. 授权

如果说决策权强调权利的分配，那么授权强调的是权利分配的过程。在授权的过程中，决策者要全面权衡利弊，做出令多方相对满意的决策。授权的过程需要着重考虑的因素包括管理者管理幅度、业务的丰富程度、管理者获取大数据治理详细信息的难易程度、大数据治理授权可能引起的代理成本、大数据治理采用集权方式所带来的挑战、现有资源对大数据治理的支持程度等。以太平洋保险集团等多家公司为例，当前大部分公司对大数据治理的相关工作还处于探索阶段，业务和资源还不足以建立一个完整的数据管理和治理的部门，因此往往把大数据及大数据治理的业务授权给 IT 部门。如上述公司建立了隶属 IT 部门的数据洞察部，负责数据的开发和应用，这种授权方式与大数据的业务丰富程度有关。

在大数据时代，企业的组织架构越来越突出地表现出以下趋势：决策权向多个节点分散，呈现去中心化态势；在组织架构设计中，自下而上的沟通渠道受到高度重视；沟通方式日益扁平化。

去中心化并不是不需要中心，而是要催生更多的中心。中心化和去中心化是集权与分权的表现形式。在互联网领域，去中心化意味着从单向的"我说你听"的广播模式，转变为人人都有话语权的交互模式。

在数字化治理的环境下，与传统的自上而下的沟通方式相比，自下而上的沟通方式越来越重要。传统的组织架构中侧重上级信息的向下传达，而在数字化背景下，普通用户的话语权得到了极大提升，他们的意见与诉求受到了前所未有的重视。因此，自下而上的信息沟通变得越来越普遍，已成为企业信息沟通的重要形式。

在大数据时代，企业内部的沟通方式发生了根本性的变革，电子邮件、微博、微信及各类即时通信工具逐渐成为企业内部沟通的重要方式和工具。借助这些方式和工具，企业内部成员之间充分、高效地沟通，沟通方式变得越来越扁平化。

5.4 数字平台

近距离地观察了数字创新的本质后，我们进一步发现，数字创新背后几乎都是由平台组织支撑的。例如，所有的手机 App 都是基于苹果 iOS 平台、谷歌安卓平台等，人们日常生活离不开的淘宝、微信、微博等也是平台。2020 年全球市值最高的 10 家公司里至少有 8 家是和数字平台密切相关的，包括苹果、微软、Alphabet、亚马逊、Meta、阿里巴巴、腾讯、Visa 等。若要将数字平台大概归类，可以分为交易平台、知识共享平台、众包平台、众筹平台、虚拟空间、数字创客空间以及社交媒体等。那么，这些数字平台是如何赋能数字创新的呢？数字平台至少由四类成员组成：平台所有者控制平台的知识产权和治理权限，如安卓平台由谷歌所拥有；平台提供者提供与各类参与者交互的界面，如搭载了安卓系统的手机设备；生产者/互补者创造平台提供物，如安卓系统上应用程序生产者；消费者/使用者是平台提供物的购买者或使用者。

首先，数字平台是让外部生产者和消费者进行交互的（各种类型的企业和个人之间进行交互）；其次，数字平台的最终目的是价值创造（实现交易、社交或创新等）；最后，数字平台本质上是包含了服务和内容的一系列数字资源的组合。基于此，我们认为数字平台是指赋能外部生产者和消费者进行价值创造和交互的，包含服务和内容的一系列数字资源的组合。

5.4.1 三种视角下的数字平台

为了更全面地理解数字平台的本质及特征,我们尝试从不同视角来看数字平台的本质。通过比较经济学视角、技术视角和组织视角下的数字平台本质,我们会对数字平台有更为全面和细致的理解。

1. 经济学视角:双边或多边市场

在经济学视角下,数字平台是一个双边或多边市场,为两组或多组不同的经济活动参与者彼此交互、共同创造价值提供数字基础设施和接口。双边市场也被称为双边网络,包含两组能够相互提供效能的独立经济活动群体。经济学视角下的数字平台(双边市场)如表 5-2 所示。

表 5-2 经济学视角下的数字平台(双边市场)

行 业	边 1(模块开发者)	数 字 平 台	边 2(模块使用者)
电子商务	卖家	淘宝、京东、亚马逊	买家
移动操作系统	应用程序开发者	iOS、安卓	应用程序使用者
视频网站	视频制作者	bilibili、爱奇艺、YouTube	视频观看者
社交网络	内容创作者	微博、Meta	内容阅读者
出行	司机	滴滴、Uber	乘客
众筹平台	项目发起人	水滴筹、天使汇	项目跟投人
游戏	游戏开发者	Steam、TapTap	游戏玩家

数字平台的两组经济活动群体一般被称为模块开发者和模块使用者。对模块开发者来说,模块使用者是其用户;对数字平台所有者来说,这两组经济活动群体都是其用户。数字平台扮演着类似于中介的角色,促进了两组经济活动群体的相互作用。

随着数字平台的扩张,数字平台上的参与者不再只有两组经济活动群体,更多不同的经济活动群体循着数字平台上的机会加入平台,进行价值共创,逐渐形成了多边市场。在多边市场中,一些原先的模块开发者也可能成为其他模块的使用者。例如,淘宝平台在 2003 年成立时只有卖家和买家两种参与者,但随着买卖双方数量的增加,一些独特的需求开始出现。如有些卖家希望能在自己的店铺里更好地展示产品,有些卖家自身缺乏维护客户关系的能力。于是,一些独立服务供应商进入淘宝平台为卖家提供服务,如提供产品拍摄服务的专业摄影团队、提供店铺设计服务的设计师和文案写手,以及为卖家提供在线业务管理系统服务的独立软件开发商等。

随着淘宝平台上不同角色的经济活动群体的不断增加,多边网络的边界不断扩大。而淘宝平台也为网络扩张提供技术支持,以不断改进和创新它的平台架构。同时,向第三方独立服务供应商提供开放式的平台,以满足不同参与者的需求。

2. 技术视角:分层模块化架构

在技术视角下,数字平台可以被解释为一个由可延伸的代码库组成的稳定软件系统,并为与之相互连接的模块提供核心功能和标准接口。从技术视角来看,一个数字平台至少要包含模块、接口、平台架构三个方面,如表 5-3 所示。

数字创新

表5-3 技术视角下的数字平台

要素	数字平台	模块	接口	平台架构
定义	一个由可延伸的代码库组成的稳定软件系统，并为与之相互连接的模块提供核心功能和标准接口	一种连接到平台上，旨在增加平台功能的互补软件子系统，也被称为应用程序、拓展、插件等	一组数字平台预先定义并提供给模块调用使用的编程函数	为平台提供了一系列相关的抽象模式，是用于指导数字平台各个方面设计的概念蓝图
举例	iOS平台	应用程序	API	分为四层：内容层、服务层、网络层、设备层

首先，模块是一种连接到平台上，旨在增加平台功能的互补软件子系统，也被称为应用程序、拓展、插件等。例如，iOS平台上的应用程序、谷歌浏览器上的插件、Kindle阅读器上的电子书、Steam上的游戏、淘宝上的商品等，都是平台上的模块。这些模块也被称为"互补产品"，一个平台的功能和价值在很大程度上取决于平台上的模块所提供的功能和模块的数量。例如，只有当大量的商家入驻并提供丰富多样的商品时，淘宝才能吸引大量消费者使用。只有当各个游戏制作公司都在Steam上发布自己的游戏产品时，Steam平台的价值才能显现出来。只有当用户能下载和使用各种应用程序时，苹果手机对用户才具有独一无二的价值。

其次，模块通过接口与平台和其他模块松散耦合。接口是一组数字平台预先定义并提供给模块调用使用的编程函数。它使模块开发者得以访问平台内的一组例程。这样，开发者就无须理解数字平台内部工作机制的细节，也无须访问数字平台的源代码。接口是一个标准化的概念，不同系统的接口是一致的，这样便于产生更多的迭代创新。比如应用程序接口（application programming interface, API），它能帮助模块连接到平台上，并与平台和其他模块进行交互，但又不影响模块自身的功能，模块的改变也不会影响平台或其他模块的核心功能。

最后，技术视角下的数字平台作为一种软件系统有自己独特的平台架构。平台架构为平台提供了一系列相关的抽象模式，可以指导数字平台各个方面的设计。平台架构可以被视为一张概念蓝图，描述了平台自身各个组件间的交互关系、平台与模块之间的交互关系，提供了对两者都有约束力的设计规则。

3. 组织视角：新型组织形式

在组织视角下，数字平台被视为一种新型组织形式，由技术架构和针对参与者的治理机制组成。技术架构强调数字平台的技术特征，是由平台架构、接口和模块组成的技术体系结构，提供了数字平台与模块之间关于技术架构的概念蓝图。

治理机制强调数字平台的社会过程特征，是一套体现数字平台所有者对双边或多边参与者施加影响的政策和机制。治理机制协调模块开发者和使用者之间的交流和互动，以符合平台的价值主张，促使平台的参与者共同进行价值创造。数字平台的治理机制提供了数字平台所有者与模块开发者和使用者之间的关于社会行为的概念蓝图。数字平台治理机制的目的在于"协调"。数字平台的功能取决于平台上的各个模块，它的价值依赖于模块开发者和使用者。然而，实际情况是，这些模块开发者和使用者并不是数字平台所有者的员工，与数字平台所有者不存在和传统企业一样的来自等级制度的权利关系。因此，平台所有者为了提高与其他平台的竞争优势，增加自身价值，不是以命令方式直接控制这些模块开发者和使用者，而是通过协调治理平台中的双边或多边网络来使平台形成一个和谐整体。

5.4.2 设计数字平台架构以及数字平台复杂性的管理

对数字平台结构复杂性的管理需要平台所有者精心设计架构。模块化架构是指数字平台的形式和功能被分解成若干子系统，它定义了哪些子系统属于数字平台核心部分，哪些子系统不属于数字平台核心部分，以及它们是否可以分离。数字平台架构模块化可以降低数字平台结构的复杂性，将数字平台分解成具有特定功能的子系统。数字平台架构模块化使各个子系统的设计师只需了解该系统的内部结构，无须考虑其他子系统是如何工作的。良好的模块化架构能够让数字平台中的子系统被单独设计和实施或被不同的专家所操作，然后使各个子系统通过协作形成一个整体。

基于此，我们提出了两个互相关联的平台架构设计策略——去耦合化和接口标准化，以帮助数字平台所有者管理数字平台的复杂性的结构。

1. 去耦合化

模块化架构有助于数字平台及其模块的分布式创新和演化发展，对数字平台所有者和模块开发者来说都有重要影响。对平台所有者而言，模块化架构设计在决定平台管理策略上起着关键作用：确定哪些模块最适合由数字平台所有者自行开发和管理，哪些模块可以交由第三方进行设计、开发或运营。

数字平台所有者负责开发和管理的系统被进一步分成有特定功能的子系统，这些子系统由不同的程序员或部门进行管理。这种做法能够减少管理整个平台系统时面临的复杂性挑战，也增强了系统满足数字平台所有者和参与者日益多样化需求的灵活性。对模块开发者来说，模块化架构使他们能够专注于自己所涉及的应用程序和模块，而无须了解平台内部的工作原理和其他模块的结构，从而可以独立、灵活、低成本地创新自己的产品。

如果平台无法被有效地划分成模块，模块之间的依赖过深，那么改动一次模块就可能影响到整个平台的架构。这会为数字平台所有者和模块开发者带来巨大的成本，包括开发成本、协调成本等。随着平台的日益复杂化，模块之间的依赖关系也可能更加难以理解。模块开发者需要厘清这些复杂的依赖关系，才能设计自己的创新产品。巨大的开发成本可能使模块开发者无法承受而选择不参与该平台。不同数字平台有着不同的平台架构，它的复杂性不同。对那些参与多个平台的模块开发者来说，为了适配不同平台而调整每个平台上的产品，可能会导致产品质量的下降。

模块化架构的核心目标是，将各个模块彼此隔离，建立一个类似乐高积木的结构，每一块积木的内部调整都不会影响其他积木。这一过程就是去耦合化，它主要通过封装这一设计过程来实现。封装是将可能发生变化的内容集中起来，形成一个独立的单元，对外只提供固定的信息。平台内部模块的信息通过封装被隐藏，只有平台的模块开发者才知道平台内部结构运作细节。对外部模块开发者来说，平台内部细节是一个黑箱，他们只能看到平台对外所提供的必要属性信息，并通过接口进行访问。相同逻辑也适用于外部模块开发者，他们可以通过封装将内部细节信息隐藏，只提供与平台交互所需要的可见信息。

去耦合化降低了平台系统的结构复杂性，模块开发者因而能够只关注自己的模块开发工作，而不需要了解平台和其他模块的内部细节，一个模块的改变也不会对平台内部和其他模块产生影响。同时，封装保护了数字平台和各应用程序的秘密。

2. 接口标准化

模块化使模块开发者能够根据自身特长对各个子系统进行独立设计和管理，但最终平台的各个子系统需要与平台核心模块相连接，并彼此交互形成整体。平台的系统集成能力是数字平台所有者将不同模块与平台核心相结合的能力，它将影响到整个数字平台的价值实现。集成涉及平台与模块之间的集成，以及模块与模块之间的集成。良好的平台架构需要在确保平台与模块、模块与模块之间围绕目标有效协作的同时，降低平台集成过程的成本。

接口是数字平台与模块之间的一种连接方式，它满足一定的协议和标准，是平台的可见信息，它明确了模块与数字平台之间基本的技术交互规则。标准接口也被称为平台的设计规则，是数字平台所有者希望模块开发者遵循的规则。模块通过定义良好、明确且不轻易更改的协议和规则与平台进行数据交换，以确保彼此之间的相互操作性。对模块开发者来说，接口是模块获取数字平台内部资源和服务的唯一途径。因此，数字平台的接口不仅确保了平台与模块之间的交流，还约束了交流的方式。

作为平台与模块之间的黏合剂，接口标准的设计既要保证接口的稳定性，又要保证接口的通用性。稳定性可以使在不同时间加入平台的模块开发者对平台内其他部分做出相同的假设，而无须验证这些假设。但是，这种稳定性也意味着接口标准不能随着时间的推移而快速改变，就像硬件显示设备的 VGA（video graphics array，视频图形阵列）标准已经持续使用了 30 多年。虽然这能最小化数字平台所有者与模块开发者在模块设计决策上的协调成本，但也可能约束后续的模块设计。

因此，平台的接口标准不仅要具有稳定性，还要具有通用性。通用性意味着接口能够连接那些模块开发者未能预测到的模块，不能过度限制模块的发展，从而保证整个平台的多样性和灵活性。总之，数字平台所有者需要面临如何将接口标准设计得既稳定又不过度约束模块开发者的挑战。

5.4.3 设计治理机制以管理行为复杂性

一个平台包含了数字平台所有者、平台提供者、生产者/互补者、消费者/使用者等不同的利益相关者，这些利益相关者的行为通常难以预测和控制。例如，拼多多刚上市的时候被曝出平台内存在大量"山寨"商品。这个问题的解决方案非常简单，直接下架相关商品即可，但拼多多并未这么做。这是因为一个简单的规则的改动可能会引发一系列后续问题。正如拼多多创始人黄峥所言："低价是拼多多阶段性获取用户的方式，拼多多对性价比的理解是'始终在消费者的期待之外'。拼多多的核心不是便宜，而是满足用户占便宜的感觉。"为了实现"始终在消费者的期待之外"这一核心逻辑，拼多多不能直接下架相关商品，这可能会引发负向网络效应，要跟大禹治水一样去疏导这些"白牌产品"厂商。

拼多多这样做的底层逻辑是什么？这就涉及数字平台行为复杂性管理的重要内容——治理机制的设计。我们将详细讨论权责分配、控制机制和定价机制这三大治理机制是如何帮助数字平台管理行为复杂性的，详述三大治理机制的具体内容，让读者对数字平台行为复杂性的管理有一个全面的理解。

1. 权责分配

设计平台治理机制最重要的是权责分配。权责分配是平台所有者、模块开发者和使用者之间的权利和责任在数字平台上的分配。它主要涉及数字平台所有者和参与者之间的决策权、知识产权分配。

（1）决策权

决策权是在数字平台上做出特定决策的权利。数字平台中的决策权可以分为平台决策权和模块决策权，包括以下几方面。

决定平台或模块的功能、特征及内容等核心要素。

确定平台或模块的设计方案、呈现方式、用户界面及接口标准等实施细节。

明确平台与模块之间内部接口的管控主体。

数字平台的决策权都由数字平台所有者掌握，模块的决策权都由模块开发者掌握，这种说法是片面的、不恰当的。例如，淘宝平台对于第三方开发的应用程序的 UI 图标有基本规定，使平台内的开发者设计的图标保持一致。换句话说，模块设计的决策权并不完全由模块开发者自己掌握，还受数字平台所有者约束。

一种情况是，平台决策权主要归于数字平台所有者，这种平台决策权较为集中；另一种情况是，决策权主要归于模块开发者和使用者这些平台参与者，这种平台决策权较为分散。决策权可以在数字平台所有者集权和参与者分权之间变动，决策权的集中或分散程度是数字平台所有者进行治理的一个重要方面。

同一数字平台对不同模块所设定的决策权分散程度可能不同。也许某一类模块的决策权主要集中在数字平台所有者手中，而另一类模块的决策权则可能分散在开发者或使用者手中。

此外，不同数字平台决策权的集中程度可能不同，对于平台决策权和模块决策权的分配可能也不同。有些平台可能对模块开发者设定较为严格的条件，而有些平台则给予模块开发者更大的自主性。对参与多个平台的模块开发者而言，不同平台的决策权分配情况可能影响着产品的设计和运营，模块开发者因而需要在不同平台之间进行权衡。

（2）知识产权

平台内智力劳动成果的知识产权问题涉及所有的数字平台所有者、模块开发者和使用者。这既包括数字平台所有者与参与者之间的知识产权问题，又包括平台参与者之间的知识产权问题。

数字平台所有者与模块开发者之间可能涉及模块的知识产权问题。例如，在小说平台上，作者所撰写的书籍的版权归属问题，以及在应用程序平台上，各个程序可能因涉及平台内部架构的程序代码而产生的版权归属问题等。

平台参与者之间可能存在知识产权问题。例如，在某些开源软件社区平台上，开发者们会分享、交流自己的代码，一些开发者可能在自己开发的产品中使用一些属于其他开发者的代码，从而可能引起知识产权方面的纠纷。一个视频平台的用户可能将该平台中其他用户的视频转载到另一个视频平台上，该用户和原视频创作者之间就可能涉及知识产权问题。

平台内各类智力劳动成果的专属权利归属，将影响参与者在平台内进行创造的意愿和行为。合理合法的知识产权归属决策能够推动数字平台实现正向网络效应。若决策不合理，则可能导致参与者的大量流失。此外，知识产权问题也涉及平台治理的定价机制。因此，数字平台所有者需要谨慎处理知识产权相关事宜。

2. 控制机制

控制机制是数字平台所有者制定的规则与制度，旨在确保参与者的行为符合平台的价值主张，奖励正面行为，惩罚不良行为。控制机制分为正式控制机制和非正式控制机制。正式控制机制是数字平台所有者制定的一系列客观、公开的规则和制度，可以分为准入控制机制、过程控制机制、结果控制机制。除了正式控制机制，数字平台还有一些非正式控制机制。

（1）准入控制机制

准入控制机制是数字平台所有者设定的规则，用于决定哪些模块和参与者可以进驻该平台，如淘宝对商家入驻的标准规定、拼多多对商家的审核规则、iOS 系统对应用程序上架的审核规则、起点中文网对新书发布的审核规定、bilibili 弹幕视频网对新用户注册的测试规定等。准入控制机制使数字平台所有者扮演着"看门人"的角色，平台所有者评估模块开发者提供的模块是否符合平台的利益及价值主张，以判断是否允许这些模块进驻平台。

（2）过程控制机制

过程控制机制是参与者在平台上开展活动的过程中，数字平台所有者对其制定的一系列奖惩的规则和程序，以确保参与者的行为符合平台的价值主张。过程控制机制的目的是控制参与者在开发或使用模块的过程中不偏离平台的价值主张，保证其结果有利于各方参与者。有以下几个典型示例。

一些应用软件众包平台（开源众包平台、百度众包平台等）会为发包方和接包方提供项目管理工具，同时制定一系列项目实施过程规则。此外，这些平台会定期进行巡检，以确保接包方在项目开发过程中严格遵守规则，从而保证双方交易的顺利进行。

淘宝平台为第三方独立应用程序开发者提供了平台开发和测试工具，并要求开发者遵守平台开发规则，只有应用程序通过开发测试并安全扫描后才可上线。

各类社交平台利用数字技术限制或屏蔽用户发布违反法律法规的内容，对于那些违规用户进行"封号"处理。

电商平台会处理那些在交易过程中延迟发货、拖欠款项、买卖假货的情况。

过程控制机制试图保证模块开发者和模块使用者等各类参与者能够遵循数字平台所有者规定的流程，而不是按照参与者自己设计的过程"擅自行事"。在过程控制机制的约束下，各类参与者能够有序地交互，尽可能地避免由放任自流所导致的混乱和失控。

（3）结果控制机制

结果控制机制是数字平台所有者根据参与者行为的结果表现，对其进行奖惩的一系列规定，一般体现为以市场为导向的绩效指标形式，如下载量、点赞数、好评率等。

数字平台所有者预先设定这些客观指标，并根据这些指标制定一系列规则，如苹果应用商店的下载排行榜规则、淘宝的搜索排名规则、在线论坛的帖子热度排序规则等。然后通过市场竞争，参与者对模块质量进行评估，用高排名、高销售、高热度奖励高质量的模块开发者，用低排名、低销售、低热度惩罚低质量的模块开发者。

（4）非正式控制机制

非正式控制机制是建立在数字平台所有者和参与者共享的文化价值观、行为准则之上的。数字平台所有者一般会为整个平台提供一个价值主张和总体目标，并定义整个平台的特性，设定未来的发展轨迹，使参与者们拥有一个共享身份。这种共享的文化价值观及共同的平台社会规范使平台内各类参与者形成一个集体，无形之中对参与者的行为和目标进行了调整。

这种非正式控制机制无须依赖数字平台所有者的直接参与和执行。有时平台内的参与者会自主维护平台的文化氛围和社会规范，排斥、惩罚那些破坏平台和谐的参与者，这种集体行为在共享社区内尤其明显。一般来说，正式控制机制执行成本较高，且很难面面俱到。非正式控制机制弥补了这些不足，帮助数字平台所有者更有效地协调各类参与者，使之成为一个和谐整体。

3. 定价机制

定价机制是平台的第三大治理机制。数字平台所有者对平台内不同参与者设立定价或补贴机制，其目的是建立激励机制，激发网络效应，提高平台整体价值。数字平台所有者在设立定价机制时，主要考虑的方面包括确定定价对象、制定定价策略、设定产品价格、明确补贴对象、规划补贴方式、确定补贴金额等。

确定定价对象涉及数字平台所有者从哪些参与者处获取收益，这一过程主要分为对称定价和非对称定价。对称定价是平台所有者在模块开发者和使用者两边都赚钱，非对称定价则只赚其中一方的钱。

制定定价策略涉及数字平台所有者如何从参与者处获取收益。例如，淘宝通过为店铺提供广告服务收取费用，而天猫则对店铺的每笔交易额按与店铺约定的比例进行抽成。

设定产品价格则涉及数字平台所有者能从参与者处获取多少收益。

一般来说，数字平台所有者会采取非对称定价。在这种机制下，数字平台所有者通常会对模块开发者和使用者中的一方进行补贴，这是激发平台网络效应的重要手段。数字平台所有者需要决定明确补贴对象、规划补贴方式、确定补贴金额。一些平台会选择补贴模块开发者，如速卖通为吸引商家入驻而为其免除年费，bilibili弹幕视频网推出了创作者激励计划。另一些平台则选择补贴使用者，如拼多多赠送消费者优惠券、红包，Kindle会为读者提供促销的电子书。当然，数字平台所有者还必须考虑补贴的数量和时间。虽然提供过多且持续时间过长的补贴策略可能吸引大量参与者的加入，但也可能损害平台所有者自身的利益。这是因为当停止补贴时，反而会招致参与者的不满，进而导致参与者的流失。

5.5 数字平台的赋能

数字平台是在数字技术的支持下应运而生的、为应对新的商业需求和环境所诞生的新型价值创造组织形式。无论是工作中经常用到的Windows操作系统、Chrome谷歌浏览器等工具，还是生活中离不开的淘宝、微博、微信、支付宝、滴滴等App软件，数字平台已深入渗透至我们工作与生活的各个领域。

事实上，我们最熟悉的这些企业都是数字平台中的核心企业。随着平台功能日益多元化,数字平台的核心企业已不再是平台创新的"唯一参与者",那些活跃在平台上的互补者也成了推动数字平台创新的关键。一方面,数字平台所有者通过"赋能"的方式,推动参与者在平台技术架构上进行互补产品及服务的开发与推广;另一方面,数字平台所有者通过"竞争"的方式进入互补产品市场,以此激励互补者进行更好的创新。为了更清晰地展现平台中互补者的数字创新过程,我们将数字平台划分为交易型和创新型两大类。

(1)交易型平台

这类平台通过搭建市场中介,促进不同类型的个体或组织在数字平台上进行产品/服务交易或共享。常见的例子包括 Airbnb、淘宝、拼多多平台等。平台互补者是在交易型平台上提供产品的群体,即产品/服务提供者或商家。

(2)创新型平台

这类平台通过搭建基础的技术模块,帮助大量创新者开发互补性产品。互补创新者可以不受地理位置和身份的限制,也可以是任何地方的任何人,他们共同组成了以平台为核心的创新生态系统。最典型的创新型平台就是 iOS 平台,它包含成千上万种应用程序。这些程序由全世界不同地区的创新者开发,他们遵循苹果公司的技术要求,包括 API 和 SDK(software developer kit,软件工具开发包),进行迭代创新。微软的 Windows 操作系统、谷歌的安卓系统、亚马逊的云计算平台等都可以归类为创新型平台。

5.5.1 交易型平台赋能商家的策略

交易型平台多为双边市场,核心企业通过创建数字化的中介场所,直接联结交易群体,促进买卖双方交易的达成。平台上的交易内容可以是实体产品,也可以是虚拟产品。例如,淘宝网联结了商家和消费者,他们可以在平台上进行商品交易;Airbnb 联结了房东和租客,他们可以在平台上进行住宿服务的交易。交易型平台能给消费端带来的吸引力和使用价值,与供给端提供的产品有很大的关系,即商家提供的产品。在市场趋向于同质化竞争的前提下,商家提供的产品越丰富、越新颖,消费者就越愿意在该平台上交易。那么,对商家来说,什么样的平台能够吸引他们入驻并愿意在上面持续创新呢?

事实上,交易型平台在扮演"联结者"角色的同时,还需要扮演"赋能者"角色。它们通过构建完善的基础设施,帮助商家更好地进行产品创新和服务创新,持续不断地为消费者提供独特的使用价值,以此打造出优秀的交易型平台。下面以阿里巴巴的电商平台为例,探讨它如何通过搭建一系列电商基础设施,"赋能"商家更好地进行创新。

1. 完善服务链条,赋能商业模式创新

该策略的重点在于引入独立软件开发商(independent sofware vendors, ISV)以完善交易服务链条,推动商业模式创新。交易型平台助力商家成长的一种很重要的方式,就是通过引入各种服务商,将仅包含交易关系的双边平台逐步转变为蕴含多种复杂关系的多边平台,甚至是商业生态系统。交易型平台引入的服务商,可以是专业组织,也可以是一些个体组织。它们基于平台的交易功能,为商家提供额外的支撑服务和衍生服务。完善交易型平台的基础设施,并整合供应链,从而帮助商家在交易型平台上更方便、更高效地进行交易。这里以电商平台为例,列举了相关的服务类型。淘宝平台就是一个极为典型的引入服

务商助力商家发展的例子，整个演化过程呈现出三个典型阶段。

2003年，淘宝网刚成立，当时熟悉如何在线上开店的商家少之又少，所以出现了很多为商家提供专业技术服务（咨询服务、安全服务）的第三方服务商。

2009年，阿里巴巴实行"大淘宝"战略，平台上开始出现商家的个性化服务需求，如金融服务、营销服务、物流仓储服务。因此，淘宝网又逐渐引入了与此相关的第三方服务商进驻平台。

2011年，淘宝网实行"淘拍档"计划，出现了更加细化和多元化的服务需求，如数字化赋能服务，第三方服务商的种类和数量呈现爆发式增长。当时的商家们对电商服务的需求呈现出多元化趋势，不仅包括帮助商家营销推广、店铺日常运营、客户关系管理、订单处理等日常管理需求，还包括财务管理、人员培训、质量检测与认证等专业管理需求。截至2011年年底，淘宝网第三方服务商的数量比2010年增长了11倍，且保持日均新增200家服务商的增长速度。2012年，中国电子商务服务业营收规模达到2463亿元，同比增长72%。

随着平台服务商的引入，以往只存在着买卖关系的交易型平台，逐渐发展为包含多种参与群体的生态系统，系统内部存在着共栖、互利、寄生、竞争等多种生态关系，有助于商家实现多种形式的运营创新。以互利关系为例，近些年非常流行在交易型平台上建立异业联盟，其原因就是消费者很可能不只是有某一方面的需求，而是有很多方面的需求，这就为企业实施异业联盟策略提供了一个很好的机会。不同企业通过联盟为消费者提供具有竞争力的产品组合，不仅可以扩大企业的市场份额，提高产品知名度，还能增强用户黏性，甚至可能创造异业联盟的品牌。

自2018年起，淘宝网的电商服务体系进入成熟期，淘宝网上已有营销推广、运营服务、数据服务、品控质检等多种类型的服务商，如淘宝客、淘女郎、网店装修、代运营、软件服务、海外转运、商品摄影等。这些服务商提供专业的服务，使已经开店的商家不再受限于自己单项技能的短板，能够更加专业地进行运营，也能为新商家打开一扇做生意的门，让他们更容易、更便捷地在阿里巴巴电商平台上把生意做起来。

2. 完善数字功能，赋能运营模式创新

该策略的重点在于，完善平台的数字功能，即利用IT技术的可配置功能，进一步助力商家进行运营模式创新。以阿里巴巴为例，它为旗下各电商平台的商家开发了各种各样的数字化运营功能，包括促销管理、客户服务、商品管理等。这些数字功能的开发与提供，可以帮助商家实现定制化运营，而运营模式的新颖程度又会对店铺的生意产生影响。

例如，淘宝的数据已经证明，商家可以自由选择、组合及调整平台提供的四种功能来提升销售业绩。这些功能包括价格方面的功能，如限时折扣；市场方面的功能，如奢侈品店铺的入口设计；产品呈现方面的功能，如产品细节放大功能；客户服务方面的功能，如七天无理由退换功能。商家通过使用大量的、多样化的、复杂的IT功能来提升店铺的销售额。

这些复杂的IT功能在激烈的市场竞争中为企业带来信号作用。企业可以通过创新功能组合，引起消费者的格外关注。对交易型平台上的商家来说，巧妙地使用平台提供的数字功能是十分重要的。它可以有效地实现运营模式创新，提高销售绩效。

3. 打造"大数据池",赋能产品创新

这一策略的重点是打造"大数据池",通过数据产品助力商家进行供应链创新和产品/服务创新。交易型平台将搜集到的各类数据整合后打造"大数据池",通过数据挖掘生成服务于商家的数据产品,为商家提供精确的市场预测,助力商家实现研发、生产及销售满足消费者偏好的产品。

2010年,淘宝的"数据魔方"上线,正式对外开放数据服务,该产品利用淘宝交易数据帮助卖家分析店铺转化率、行业热词频率、热销宝贝等指标和信息。目前,淘宝平台已基于数据分析形成了"数据魔方""淘宝指数""Tanx"(广告资源竞价交换系统)等产品级应用,商家可以利用这些数据产品指导生产、备货、销售、售后等多个环节。

数字功能在赋能运营模式创新的同时,也为企业提供新的变革机会。深层次的大数据分析甚至可以促使产能配置的优化,通过数据驱动实现即时定制,进而推动产品创新。除了产品创新,大数据还可以帮助商家优化供应链,实现供应链创新。在数字经济时代,交易型平台上的商家们需要根据消费者多样化、个性化、小众化的需求进行柔性生产、定制生产、创新运营、创新销售等操作,这一切的创新行为都需要借助完善的平台基础设施来完成。

阿里巴巴更倾向于做整个电子商务的水电煤的基础设施提供者。无论是平台服务商的加入,还是平台自身数字化功能的完善,都能为交易型平台上的商家们提供很好的成长环境,赋能他们在数字经济中更好地服务消费者。此外,在交易型平台上,平台企业和平台互补者之间除了有价值共创关系,还存在着竞争关系,而这种关系在某种程度上也会刺激互补者的创新行为。哈佛大学的朱峰等人发现,像亚马逊这样具有垄断性市场影响力的电商平台,会在某一发展阶段进入某些品类开展自营。在决定涉足某一品类与互补者竞争时,平台企业通常需要考虑这类产品自身特点的影响。例如,对于那些在电商平台上比较畅销的品类,或是不能给消费者带来较高满意度的品类,平台企业更有可能选择自营。

当平台企业进入第三方商家所在的行业时,这种竞争关系就出现了,很多商家都会选择改变自己的产品策略,避免和平台企业进行正面竞争。这些商家可以实践的产品策略包括:一是改变目前经营的产品品类,转换到另一些需要特定资产的产品品类中,避免平台企业再次进入,再次竞争;二是增强自己的创新能力,进行新产品的研发,通过持续地为平台带来新产品来降低与平台企业的正面竞争程度。

5.5.2 创新型平台的"赋能"与"竞争"

创新型平台,也被称为技术平台,就像是创新引擎,为生产者提供核心技术架构,确保在此架构之上来创造新的产品、拓展平台的核心功能并延伸到终端用户,为用户提供更具有价值的产品。典型案例如下。

SAP公司的NetWeaver集成平台,让用户在它的核心技术架构上开发商业解决方案,并把用户公司的其他系统技术和它进行整合。

苹果公司推出的iOS平台使开发者可以在它提供的API和SDK的基础上不断推动创新应用程序的开发,还扩展了移动设备(iPhone、iPad、iPod、iWatch等)的生产力和娱乐功能。

健身爱好者们熟悉的Nike+平台,通过授权外部开发者使用Nike的用户数据和专有技术构建出不同的数字产品与服务,并将这些产品与Nike的产品、用户连接起来。通过

授权，用户就可以把佳明（Garmin）智能手表、TomTom 地图、iPod 音乐和 Netpulse 连接到 Nike+ 平台，享受更加丰富的体验和服务。

我国海尔公司开发的 U+ 智慧生活平台，包括基于 U+ 协议的互联模块、基于 U+ 协议的智慧控制中心 SDK 和基于 U+ 协议的智慧生活云平台。该平台通过开放的接口协议，将不同品类的家电设备和服务内容接入到平台中，扩展了平台的核心功能。通过对模块化及技术标准化进行设计，平台推动整个创新链条上专业化公司的产生；同时，平台利用许多外部参与者的创新能力，催生了大量潜在的互补创新。

上述平台企业通常扮演"赋能"的角色，它和互补者之间功能定位明确、边界清晰。这些平台企业专门负责一些创新的基础架构设计，以确保互补产品和产品系统能够实现事前的整合。而一些外部互补产品生产企业（也称互补者），负责提供一些利基产品的试验，扩展平台的功能以提高平台对用户的吸引力。这类平台通过连接不同的互补产品（iPhone 和不同的应用程序）来促进互补产品之间的交互，更加全面地为用户提供完整的解决方案。例如，你可以在一个 iPhone 上同时下载微信、钉钉、微博、淘宝、支付宝、王者荣耀等各种类型的应用程序来满足日常的生活、工作和娱乐需求。

除了赋能互补者，平台企业也开始参与互补产品市场，与互补者展开"竞争"，不断包罗和扩张边界。例如，微软公司最初只提供操作系统，后来把边界扩展到 Office、Outlook、Edge 等重要的互补产品上。它的做法就是不断将这些功能整合到操作系统中，以最大限度地满足用户需求。我们将主要从平台与互补者的两种关系（平台赋能互补者、平台与互补者竞争）举例说明创新型平台中互补者的创新是如何产生的。

1. 创新型平台赋能互补者

在这种情况下，创新型平台只做平台，不做互补产品，与互补者边界清晰。平台技术架构开放给所有的互补产品生产商，赋能互补产品生产商在平台上开发和创新。

小米澎湃智联 IoT 开发者平台是一个典型的赋能互补者的例子。通过该开发者平台，赋能平台之上的硬件制造企业快速、低成本地实现产品智能化和产品创新，在平台上开发的产品可以获得"works with mijia"和"支持小爱同学控制"的认证，实现与平台上接入的其他企业产品的智能联动。

海尔的 U+ 智慧生活平台也采用了类似的做法。该平台通过开源开放，向行业开发者、人工智能提供商、大数据服务商、合作伙伴等互补者提供开放模块。在此基础上，海尔搭建了一个引领行业的人工智能开放平台，使硬件制造商通过接入 U+ 智慧生活平台快速将自身的产品升级为网络硬件，服务商通过接口可以直接投放内容、服务。同时，软件开发商还可以直接操作平台上的设备和服务，从而敏捷地开发出适合用户需求的软件和服务。此外，U+ 智慧生活平台通过云平台的数据共享赋能这些平台互补者，让他们更好地联动、共享和创新。

综上所述，创新型平台通常会通过构建标准化、模块化的产品，帮助互补者更快、更好地获取用户需求信息、创新地开发符合用户需求的产品。

2. 创新型平台与互补者竞争

创新型平台在赋能平台上的互补者的同时，也会根据它对行业发展趋势的判断，分析自身的能力和互补产品提供者的能力,以决定自己的业务范围。是否进入互补产品市场,以及何时进入或退出互补产品市场是平台互补者所关注的两个重要问题。

除了一些专注于做平台、不参与互补产品竞争的数字平台,也有一些平台企业不仅做平台、提供底层架构,还做互补产品,与平台上的互补者展开竞争。例如,苹果公司把"手电筒"的 App 应用直接做成一个小功能集成在 iOS 系统中;苹果公司推出了"苹果地图"服务,用来与它原先的互补产品"谷歌地图"展开竞争。平台企业进入互补产品市场被认为是平台企业治理互补者网络的重要手段之一,在学界和业界都得到了很多关注。一种观点认为,平台企业的介入,会减少互补者收益,降低互补者的创新动力,这与最初建立平台时从互补创新中获利这一初衷背道而驰。例如,Netscape(网络浏览器)在微软推出 IE 浏览器后被彻底打败了;Meerkat 作为一款视频直播应用,本来通过与 Twitter 账户的关联,允许 Twitter 用户向其粉丝直播视频,然而随着 Twitter 收购了 Periscope 并终止了 Meerkat 对 Twitter 社交网络的接入后,Meerkat 也逐渐退出了市场。

另一种观点认为,平台企业与互补者的竞争能在一定程度上促进互补者创新,因为这种竞争会触发"竞赛效应"。平台企业通过这种手段,让互补者们更加直接地感受到竞争压力,迫使他们去创新,而不是落后于人。此外,平台企业的进入,能够通过触发"注意力溢出"机制,吸引更多用户关注到平台已经进入的某个细分市场。通过吸引用户注意力,这一机制能够促进互补者的创新,从而更好地提供新的互补产品满足用户不断涌现的新需求。

因此,互补者们会通过加大创新力度对平台企业进入市场展开反击。例如,谷歌平台战略的核心是开放谷歌的产品、工具及后台(云计算)给互联网开发者,促使开发者创造出更多的互联网应用,进而产生更多的平台应用需求,形成良性循环。

2015 年,谷歌在安卓应用平台 Google Play 上推出了一款"谷歌相册"软件,开始进入相册和照片类别的应用软件市场。谷歌借助人工智能技术打造了一个全能型的整理、编辑和共享的相册软件,它可以通过机器学习和人工智能技术来自动识别地点、人物并进行自动分类。这款软件上线之后迅速引起了轰动,仅仅 5 个月内,其月活跃用户数便突破了 1 亿个。

有研究发现,尽管一开始"谷歌相册"的推出给了互补产品开发者一个措手不及的打击。但事实上,该事件也促进了谷歌应用平台上互补者创新的发展。据估计,互补产品开发者在谷歌相册推出后对自己产品进行重大更新的可能性出现了 9.6% 的增长趋势。由此可见,在"谷歌相册"的刺激下,相似产品的开发者加快了创新的脚步以更好地应对谷歌的竞争。然而,这种竞争机制并不能总是有效触发互补者的创新动力。若平台企业在进入互补产品市场时借助其平台企业的权利破坏了公平的竞争环境,则会给平台生态带来巨大的破坏。

创新型平台在促进和推动互补创新时,主要从两方面发挥作用。一方面,平台作为赋能者,通过为互补者开放更多的技术架构和接口,允许互补者们在平台上更多地交互和联动,进而通过信息和数据资源共享及开放社区生态优化,推动互补者创新。另一方面,平台企业通过直接介入互补产品市场,触发竞赛效应和注意力溢出机制,推动互补者更多地投入创新。然而,这种进入互补产品市场的内部化策略需要有一定的边界和节制,平台企业在进入时还要尽量保证专注于核心技术,同时要确保公平的竞争环境,留给互补者充足的价值空间。否则，不仅不能更好地触发互补者不断创新与平台展开竞争，还会使平台生态陷入平庸甚至不良的境地。

案例：Airbnb

一、平台简介

Airbnb 成立于 2008 年，它是一个全球性的在线市场和社区平台，专注于提供短租住宿服务。Airbnb 连接了房东和租客（统称用户），允许个人房东出租其闲置的房间或房屋，租客则可以根据自己的需求选择适合的住宿。Airbnb 通过提供多样化的住宿选项，改变了传统的酒店服务业态，为租客提供了更加灵活、经济的选择。

二、Airbnb 数字平台的架构

Airbnb 的数字平台架构主要由以下几个层次构成。

1. 基础设施层

Airbnb 利用云计算，确保平台的稳定性和可扩展性。它的数据中心和服务器分布在全球各地，以支撑海量的用户访问和交易。

2. 服务层

Airbnb 提供了多种支付方式（信用卡、PayPal 等），并遵守当地的法律法规，以确保交易的合法性和安全性。

3. 数据层

Airbnb 收集和分析租客的浏览行为、预订习惯等数据，以实现个性化推荐和智能定价。这些数据帮助房东优化房源描述信息，提升租客的体验。

4. 应用层

Airbnb 的用户界面设计简洁直观，集成了搜索、筛选、评论等功能，提升了用户的便捷性。Airbnb 还支持社交功能，允许租客分享旅行体验和评论。

这种层次分明的架构使 Airbnb 能够快速响应市场需求并适应不断变化着的用户偏好。

三、Airbnb 的特征

Airbnb 具有以下几个数字平台特征。

1. 网络效应

Airbnb 连接了大量的房东和租客。更多的房源吸引更多的租客，而更多的租客又吸引更多的房东加入，形成了强大的网络效应。

2. 多边市场

Airbnb 同时服务房东和租客，为两者提供价值。房东通过平台获得收入，租客则能够享受到多样化的住宿选择。

3. 租客生成内容

租客的评价和反馈在 Airbnb 上发挥着重要作用。租客生成的内容不仅帮助新租客了解情况并做出选择，还促进了房东的服务改进。

4. 灵活性和多样性

Airbnb 提供多种住宿方式选择，从单间到整套公寓，甚至独特的住宿体验（树屋、船屋等），满足了不同租客的需求。

这些特征提升了 Airbnb 的吸引力，使其在竞争激烈的短租市场中脱颖而出。

四、Airbnb 的治理模式

Airbnb 的治理模式确保了平台的安全，维护了用户的权益。

1. 准入标准

Airbnb 对房东的准入设置了相应的审核机制。房东需提供自己的身份证明、房源信息等，确保房源的真实性和合规性。

2. 评价体系

Airbnb 鼓励租客对住宿体验进行评价，形成了良好的信用评分体系。高评分的房源能获得更多曝光机会，低评分的房源则会面临被限制或被移除的风险。

3. 用户服务

Airbnb 提供全天候用户服务，帮助解决用户在使用过程中遇到的问题。同时，Airbnb 也鼓励房东和租客在交易过程中直接沟通，提升服务质量。

4. 安全保障

为了增强用户信任，Airbnb 推出了"房东保障计划"，为房东提供一定的保障,以应对房屋设施损坏等风险。

通过这些治理措施,Airbnb 建立了相对安全和透明的交易环境,增强了用户对 Airbnb 的信任。

五、Airbnb 在数字创新中的作用

Airbnb 不仅是一个住宿平台,还是一个数字创新的推动者。

1. 房东赋能

Airbnb 为房东提供了简单易用的房源管理工具,帮助他们管理预订、设置价格和建立租客沟通渠道。Airbnb 的培训和支持资源能够帮助新房东快速上手。

2. 市场拓展

Airbnb 在不同市场推出本地化的服务,针对各地用户的偏好进行调整。例如,Airbnb 在某些地区推出体验功能,让租客体验当地文化和活动。

3. 技术创新

Airbnb 利用人工智能和大数据分析,为租客提供个性化推荐和动态定价策略。这种智能化的决策能力不仅提升了租客体验,还优化了房东的收益。

4. 社区建设

Airbnb 通过推动共享经济,促进了租客之间的互动和社区建设。租客可以通过 Airbnb 与其他旅行者交流,分享经验和建议。

通过这些创新,Airbnb 不仅改变了住宿行业的格局,还在全球范围内促进了旅游业的发展。

六、Airbnb 面临的挑战

尽管 Airbnb 在数字创新方面取得了成功,但也面临着一些挑战。

1. 法律和监管问题

随着 Airbnb 的迅速发展,各国政府对房屋短租服务市场的监管越来越严格,Airbnb 需要不断适应不同国家或地区的法律法规,确保合规性。

2. 竞争压力

随着市场的成熟,越来越多的竞争者进入房屋短租服务市场,包括传统酒店和其他短租平台,对 Airbnb 的市场领导地位形成挑战。

3. 用户隐私问题

用户的数据隐私和安全问题愈发受到关注，Airbnb 需要加强对用户数据的保护，防止用户敏感或隐私数据泄露和滥用。

七、案例讨论问题

问题 1：Airbnb 是如何通过其平台架构满足不同类型用户（房东和租客）的需求的？请结合案例进行分析。

问题 2：Airbnb 的网络效应如何影响其市场地位？这种网络效应在其他平台中是否同样适用？

问题 3：Airbnb 的治理措施对平台的规范运营有何重要性？这些治理措施是否适用于其他类型的平台？

问题 4：Airbnb 的数字创新模式（体验功能）对租客和房东产生了哪些影响？这种模式是否可以在其他共享经济平台上推广？

通过 Airbnb 的案例，可以看出，数字平台不仅是服务交易的场所，还是推动创新和变革的力量。Airbnb 的架构、治理模式和创新实践，使其能够有效连接用户并推动业务增长。然而，随着市场环境的变化，Airbnb 需要不断适应和创新，以应对市场、竞争和用户隐私等挑战。

参考文献

[1] YOO Y, HENFRIDSSON O, LYYTINEN K. Research Commentary-The New Organizing Logic of Digital Innovation: An Agenda for Information Systems Research[J].Information Systems Research, 2010, 21(4): 724-735.

[2] VIAL G. Understanding Digital Transformation: A Review and a Research Agenda[J]. Journal of Strategic Information Systems, 2019, 28(2): 118-144.

[3] GAWER A, CUSUMANO M A. Industry Platforms and Ecosystem Innovation[J].Journal of Product Innovation Management, 2014, 31(3): 417-433.

[4] TIWANA A. Platform Ecosystems: Aligning Architecture, Governance, and Strategy [M]. London: Newnes, 2013.

[5] PARKER G G, VAN ALSTYNE M W, CHOUDARY S P. Platform Revolution: How Networked Markets Are Transforming the Economy and How to Make Them Work for You[M].New York: W.W.Norton & Company, 2016.

[6] AUTIO E, THOMAS L D. Innovation Ecosystems: Implications for Innovation Management[M]. New York: Oxford University Press, 2014.

[7] CHESBROUGH H W. Open Innovation: The New Imperative for Creating and Profiting from Technology[M].Boston: Harvard Business Press, 2006.

第6章

数字创新伦理与社会责任

随着数字技术的深入应用,企业在追求技术进步和经济利益的同时,也面临着越来越多的伦理问题,如数据隐私泄露、算法偏见、自动化导致的失业等。这些问题都是当前社会关注的焦点,不仅影响到企业的声誉和消费者的信任,更对社会的公平正义和可持续发展构成威胁。因此,企业在进行数字创新时,必须将伦理和社会责任纳入其核心战略之中,以确保技术进步能够惠及更广泛的群体,而不是加剧社会不平等。

伦理和社会责任在数字创新中的核心地位体现在多个方面。首先,伦理为企业提供了价值观和决策的指导。在快速变化的数字环境中,企业需要一个清晰的伦理框架,以便在面临复杂决策时,能够做出符合社会期望和价值观的选择。例如,在人工智能的应用中,企业应当考虑如何避免算法的歧视性决策,确保所有用户都能获得公平的对待。其次,社会责任要求企业超越单纯的盈利目标,将社会效益和环境影响纳入考量范畴。这种思维方式促使企业在推动数字创新的过程中,关注其对社区、员工和环境的影响,从而实现可持续发展。

在数字创新的过程中,企业的伦理责任体现在多个方面,包括数据保护、透明性、用户参与和社区责任。数据保护是数字创新中的一项基本伦理责任,企业应确保用户数据使用的透明性、安全性和隐私性,防止数据被滥用或泄露。透明性是建立信任的关键,企业需要向用户清楚地说明其数据收集和使用的目的,以及如何处理用户的信息。此外,企业应鼓励用户参与其数字创新的决策过程,听取利益相关者的意见,以确保创新符合社会的需求和期待。

数字创新带来的伦理和社会责任挑战,要求企业在技术进步与社会影响之间找到平衡。只有将伦理和社会责任视为数字创新的重要组成部分,企业才能在激烈的市场竞争中脱颖而出,并在推动社会进步的同时,实现自身的可持续发展。随着社会对企业责任意识的日益增强,消费者、投资者和政府对企业的期待也在不断提高,企业在进行数字创新时,必须更加重视其社会影响,积极承担起相应的责任。

6.1 数字创新背景下伦理和社会责任的作用

在数字创新的背景下,探讨伦理和社会责任显得尤为重要。随着数字技术的迅速发展,尤其是人工智能、大数据和区块链等技术的应用,数字技术创新的速度和深度大幅加快,这不仅改变了商业模式,还重新定义了社会结构与人际关系。因此,在这个过程中,伦理与社会责任的问题逐渐浮出水面,值得我们深入讨论。

1. 技术与社会的深度融合

随着数字技术的普及,技术与社会生活的边界越来越模糊。人们生活在一个高度互联网化的世界里,数字创新不仅在改变商业流程,还在重塑人们的生活方式。企业利用数字平台进行产品的创新,这种创新可能会引发个人隐私、社会公正和人权等方面的问题。例如,社交媒体的系统推荐算法能够有效地吸引用户注意力,但同时也可能形成信息茧房,使用户只接触到与自己观点一致的信息,从而扩大社会分歧。因此,数字创新不仅关乎技术的进步,更关乎在进步的进程中如何维护社会的和谐与公平。

2. 数据驱动的决策过程

数字创新的核心在于数据的获取与利用。企业通过分析大量用户数据来优化产品,这一过程可能会引发数据隐私和伦理方面的问题。例如,某些企业在未经用户同意的情况下收集和使用个人数据,可能会导致企业丧失用户的信任,甚至引发法律诉讼。此外,数据算法的设计还可能存在偏见,导致某些群体受到不公平的待遇,如在招聘、信贷和刑事司法决策等领域。因此,在数据驱动的创新过程中,企业应当主动承担起伦理责任,确保技术应用不会加剧社会的不公平,而是促进公平和正义。

3. 用户信任的建立与维护

在数字经济时代,用户的信任是企业成功的关键。透明的操作流程和可靠的数据管理功能能够有效增强用户的信任度。当企业清晰地向用户说明数据的收集、处理和使用方式时,用户更容易信任企业,并愿意分享个人信息。例如,一些科技公司采取透明的数据使用政策,公开其数据管理措施,这样不仅提升了用户的信任度,还帮助了企业在竞争中获得优势。此外,企业通过加强对用户隐私的保护和使用操作的透明度,能够增强品牌形象,促进用户培养长期忠诚度,从而实现可持续的商业发展战略。

4. 应对法律法规的要求

随着数字化进程的推进,各国政府相继推出了相关的法律法规,旨在保护用户隐私、维护数据安全。例如,欧盟的《通用数据保护条例》要求企业在处理个人数据时必须遵循严格的规范。这一条例要求企业必须明确告知用户数据收集和使用目的,并在用户要求时及时删除个人数据。企业若不遵循这些条例,不仅可能面临高额的罚款,还可能声誉受损。因此,主动关注伦理和社会责任,有助于企业更好地避免法律风险,维护自身的市场地位。

5. 可持续发展的必要性

在推动数字创新的过程中,企业应当关注技术创新对社会和环境的长期影响。许多企业在技术创新时往往只注重短期的经济效益,而忽视了对社会和环境的影响。例如,某些技术的广泛应用可能会导致资源的过度消耗、环境的破坏和社会的不平等。因此,企业在进行数字创新时,需将可持续发展作为重要的考量因素,制定相应的策略和措施,确保其创新活动既能促进经济增长,又能兼顾社会责任和环境保护。

6. 构建负责任的创新文化

强调伦理和社会责任有助于在企业内部建立一种负责任的创新文化。企业应当在内部培训中加强对员工伦理意识的培养，鼓励员工在创新过程中考虑社会影响。例如，某些企业通过设立伦理委员会，负责审查和指导企业的技术研发和应用，确保其符合社会责任的标准。这种做法不仅能够提升企业的社会形象，还能吸引和保留对社会责任有认同感的人才，从而形成积极的企业文化。

7. 应对复杂性与不确定性

在数字创新的环境中，企业往往面临多种伦理困境。快速变化的时代背景使企业在做出决策时需要考虑的因素增多。在这种情况下，建立伦理和社会责任的框架可以为企业提供指导原则，帮助其在复杂情境下做出更明智的决策。例如，某些企业制定了伦理决策模型，帮助员工在面对伦理困境时能够依据这一模型进行思考和决策，从而平衡经济利益与社会责任。

8. 促进技术的社会接受度

公众对新技术的接受度往往与其伦理和社会责任密切相关。例如，某些技术因其潜在的伦理问题而遭到公众的强烈反对，如面部识别技术在隐私保护和人权保障方面存在争议。因此，企业在推广新技术时，积极应对伦理问题，有助于消除公众的疑虑，促进技术的广泛应用。通过公开讨论和透明沟通，企业能够增强公众对新技术的信任，提升其社会认可度。

9. 推动社会创新与合作

数字创新的伦理框架不仅限于企业内部，还可以扩展到整个社会层面。企业与政府、学术界和社会组织的合作，可以促进社会创新，推动社会变革。例如，企业可以通过参与公共政策的制定，推动行业标准的建立，促进社会整体的技术进步和伦理保障。通过共同应对伦理挑战，企业能够在更大范围内创造积极的社会影响，促进技术的健康发展。

10. 应对经济全球化带来的挑战

在经济全球化的背景下，数字创新不仅影响单个国家或地区，也对全球社会产生深远影响。不同文化和价值观可能会导致对数字创新伦理有不同理解，因此企业在进行国际化运营时，需要更加注重伦理与社会责任。企业应积极参与全球性伦理规范的制定，并遵循全球性伦理规范，以适应不同市场的需求，推动全球范围内的和谐发展。通过建立全球伦理规范，企业能够在技术创新中增强社会责任感，促进可持续的国际合作。

在数字创新的过程中，讨论伦理和社会责任是不可或缺的。随着技术的不断进步，企业不仅要关注自身的经济利益，更要承担起对社会的责任。通过积极践行伦理原则和社会责任，企业能够在推动技术进步的同时，促进社会的可持续发展，为实现更美好的未来贡献力量。这样的做法不仅有助于企业的长期发展，还能推动整个社会在数字创新中进一步实现公平与正义。

6.2　数字创新背景下的伦理框架与原则

数字创新已经成为推动全球经济和社会发展的重要力量。随着数字技术的迅速发展，企业在利用技术推动创新的同时，也面临着一系列伦理挑战。为了确保技术进步的可持续性，企业需要建立一个清晰的伦理框架，重点围绕透明性、公正性、隐私保护和可持续性四个原则展开。这四个原则的产生并非偶然，而是基于其对数字创新的深远影响和重要性的考虑。

首先，透明性是数字创新中不可或缺的核心原则之一。在数字经济时代，用户对数据的敏感度和保护意识不断增强，他们希望了解自己的数据是如何被收集和使用的。透明性不仅能增强用户的信任感，还能促使企业自我约束，推动数据使用的可靠性发展。这使透明性成为数字创新伦理框架的基础。

其次，选择公正性作为核心原则是因为数字创新涉及广泛的社会群体和利益相关者。算法和数据分析在决策中扮演着越来越重要的角色，若未能保持公正，可能会导致算法歧视和社会不平等现象的加剧。例如，在招聘、贷款审批等领域，如果算法设计得不公平，可能会使某些群体受到不公正的对待。因此，公正性不仅关乎伦理道德，还要确保数字技术能够惠及所有人。

再次，隐私保护是数字创新中的一个紧迫议题。随着企业对用户数据依赖程度的加深，如何妥善处理数据并保护个人隐私成为重大挑战。用户对隐私的关注促使企业必须建立健全的数据管理政策，确保个人信息的安全和保密。隐私保护的缺失不仅会丧失用户的信任，还可能引发法律风险。因此，隐私保护是构建可信赖的数字创新环境的必要条件。

最后，可持续性原则在数字创新中变得日益重要。随着全球对可持续发展的重视，企业在追求经济利益的同时，需考虑其对环境和社会的长远影响。可持续性不仅体现在技术本身的环保程度，还包括企业在商业模式、资源利用和社会影响方面的责任。通过坚持可持续性原则，企业能够在创新过程中平衡经济、社会与环境的共同进步，实现可持续的长期发展。

透明性、公正性、隐私保护和可持续性四个原则构成了数字创新伦理框架的核心。这些原则相辅相成，彼此影响，共同为数字创新的可持续发展提供指导，确保技术的进步能够在促进经济增长的同时，保护用户权益和社会公平，从而实现更高的社会价值。

6.2.1　透明性：建立信任的基石

透明性是企业在数据收集和使用过程中，向用户提供清晰的信息，以增强用户信任度。这一原则的重要性体现在数字经济的几个方面。

首先，透明性能够提高用户对企业的信任度。近些年，随着数据泄露事件的频发，用户对个人数据安全的关注不断增加。若企业能够公开数据处理流程和用途，将极大提升用户的信任度。例如，某知名社交媒体公司在数据使用政策中采用了图文并茂的形式，清晰解释了用户数据的使用方式，包括广告推送、用户体验优化等。这种透明的表达形式不仅提高了用户的参与感，还使用户更愿意分享个人数据。

其次，透明性还促进了企业的自我约束和责任感。透明的政策要求企业在数据使用上保持一致，避免在用户不知情的情况下滥用数据。例如，在实施新的数据政策时，某电商平台会提前通知用户，并征求他们的同意。这样，企业不仅在法律框架内行事，还在道德层面上体现了责任感。

然而，透明性在实施过程中面临着挑战。一方面，企业需要处理大量的数据和信息，确保向用户传达的信息准确且易于理解；另一方面，企业还需在透明性与商业机密之间找到平衡，避免因过度公开造成的竞争风险。为了应对这些挑战，企业可以考虑采取分级信息披露的策略，根据用户需求和理解能力，提供不同层次的信息。

例如，苹果公司在其隐私政策中高度重视透明性，通过简化用户隐私设置和提供清晰的信息，帮助用户理解数据是如何被收集和使用的。苹果公司通过"隐私为基本权利"的口号，向用户承诺不会出售用户数据，并通过更新 iOS 系统增加数据收集和使用的透明性。例如，在应用商店中，苹果公司引入了"隐私标签"，清晰地列出应用程序收集的所有数据类型，用户可以在下载应用程序之前查看这些信息。这种透明性不仅增强了用户的信任度，还为其他企业树立了榜样。

例如，剑桥分析公司（Cambridge Analytica Ltd）曾经是一家声名显赫的政治咨询公司，以其通过数据分析帮助政客进行选举宣传而闻名。然而，该公司在 2018 年被曝光泄露用户隐私，与 Facebook 数百万用户的数据被不当获取有关。剑桥分析公司未经过用户的同意，利用用户数据进行政治广告的精准投放，这一事件引起了全球用户的广泛关注。剑桥分析公司没有明确告知用户数据的收集和使用目的，这导致用户对 Facebook 等社交媒体平台失去了信任。许多用户表示，他们不再相信这些平台会妥善保护他们的个人信息，甚至可能会选择退出或限制自己使用这些社交媒体。这一事件不仅引发了用户的不满，还导致了法律上的诉讼。Facebook 因此面临着来自多个国家的调查和诉讼，最终不得不支付巨额罚款，并对数据隐私政策进行了重大修改。这种品牌声誉的损失对 Facebook 的影响是深远的。这一事件不仅影响了当事企业，还对整个社交媒体平台造成了信任危机。公众对数据隐私和保护的关注度上升，许多人开始质疑其他数字平台的透明性和数据使用政策，从而对整个数字经济的健康发展造成了潜在威胁。

然而，透明性不仅涉及数据政策的披露，还包括在技术应用中的开放性。例如，谷歌在其人工智能研究中推出的"人工智能原则"中强调，人工智能系统的工作原理应当是透明的。谷歌通过发布技术文档，公开人工智能算法的工作机制，增强了公众对人工智能应用的理解。这种开放的态度，不仅使谷歌提升了品牌形象，还推动了行业内的透明性标准。

尽管透明性原则具有重要意义，但在实际应用中，企业仍面临诸多挑战。例如，技术的复杂性可能使某些信息难以用简单的语言表达，用户也可能难以理解复杂的数据处理流程。因此，企业应当努力将技术与用户之间的距离缩小，通过有效的沟通策略和教育活动提升用户对透明性概念的理解。此外，企业应定期审查和更新其透明性策略，以适应不断变化的技术环境和用户期望。

6.2.2 公正性：避免算法歧视的盾牌

公正性原则强调在数字创新过程中确保公平，避免对特定群体的歧视。随着人工智能及其算法在决策中的应用日益广泛，公正性的重要性愈发突出。

公正性是确保社会公平和正义的基础。在数字化招聘、信贷评估等场景中，算法往往会对人们的生活产生显著影响。如果算法设计不当，可能会导致某些群体被歧视。例如，某知名招聘平台因使用了历史招聘数据作为算法训练样本，结果导致女性和少数种族求职者能力被低估。这种歧视结果引发了公众的不满，导致企业声誉受损。

为了解决此类问题，企业需要采取措施确保算法的公正性。例如，某大型科技公司在招聘算法中引入了"公正性审查"机制。通过分析招聘历史数据，该公司发现了算法在性别和种族上的偏差，对算法进行了调整，确保所有求职者的评价标准一致。此外，该公司成立了专门的道德委员会，负责监督算法的公正性和透明性。这一措施不仅增强了招聘过程的公正性，还提升了该公司在求职者中的形象。

然而，确保算法的公正性并不容易。企业需要深入了解算法的工作原理，并具备足够的技术能力进行监控和调整。企业还需对算法的输入数据进行严格审查，以确保数据的公平性和代表性。这要求企业在数据收集和处理过程中，采取更多的措施确保多样性和公平性。

例如，谷歌在开发搜索算法和广告投放系统时，特别重视公正性问题。他们进行了一系列研究，以确保算法不带有性别、种族或其他偏见。谷歌成立了一个具有多样性与包容性的团队，专门负责审查相关算法的公正性。谷歌在训练其算法时，使用了多样化的数据集，确保不同背景和特征的用户都能够被公平对待。例如，在招聘广告的投放中，谷歌使用了算法审查工具，以确保广告不会系统性地偏向某一特定群体。谷歌还开发了评估工具，用于检测和纠正模型中的潜在偏见。这些工具可以帮助开发者识别在特定群体中的不平等待遇，从而调整算法。通过这些努力，谷歌有效减少了广告和搜索结果中的歧视性偏见，增强了公众对其产品的信任。这种做法不仅提高了用户体验，还提升了公司口碑。

再如，亚马逊网络服务公司在2018年被曝光其招聘算法存在性别歧视问题。该算法被设计用于筛选简历，以发现最合适的求职者。然而，由于算法在数据训练中使用了过去的招聘数据，其中男性候选人占据了主导地位，算法在筛选过程中无意中偏向男性。亚马逊网络服务公司的算法依赖历史招聘数据，而这些数据反映了过去的性别歧视现象。算法通过学习这些数据，形成了对男性候选人更有利的筛选标准，几乎排除了女性候选人。当时，在算法设计和实施过程中，亚马逊网络服务公司并没有进行充分的公平性评估和验证，这导致了系统性的不平等待遇，损害了公司的形象。这一事件不仅使亚马逊网络服务公司在招聘过程中面临法律和公众的压力，还引发了对算法歧视的广泛讨论。亚马逊网络服务公司最终暂停了该算法的使用，并承诺重新审查招聘流程。这一反面案例强调了在算法设计和实施中缺乏公正性评估的潜在风险。

以上两个例子展示了在数字创新中如何有效避免算法歧视及未能做到这一点所带来的后果。正面案例中的公正性提升了用户信任度和企业声誉，而反面案例则提醒我们，算法歧视的存在不仅会损害企业形象，还会对社会公平产生深远影响。企业在推动数字创新时，确保算法的公正性是至关重要的。

6.2.3　隐私保护：捍卫用户权利的壁垒

隐私保护在数字创新过程中已经成为一个紧迫的议题。随着企业对用户数据依赖程度的加深，如何妥善处理和保护个人隐私，成为各方关注的焦点。

隐私保护直接影响到用户对企业的信任。用户在参与企业组织的活动时，通常需要提供个人信息。如果企业未能妥善保护这些信息，用户不仅会失去对企业的信任，甚至可能选择退出该平台。例如，某流行的在线购物平台在一次数据泄露事件后，用户对该平台的信任度大幅下降，导致销售额锐减。为了挽回信誉，该平台不得不投入金钱进行数据安全升级和公关处理。

隐私保护是法律法规的基本要求。近年来，许多国家相继推出了数据保护法，如欧盟的《通用数据保护条例》。这些法律法规规定了企业在数据处理中的责任与义务，企业若未能遵循，将面临巨额罚款和法律责任。因此，企业在制定数字创新策略时，必须将隐私保护纳入考量范畴。

在实施隐私保护策略时，企业可以采取多种措施。例如，某金融科技公司在用户注册时，采用了双重身份验证机制，确保只有经过验证的用户才能访问个人账户。此外，该公司定期向用户发送隐私政策更新，告知他们如何保护自己的数据安全。通过这些措施，企业不仅能提升用户的信任度，还能降低潜在的法律风险。

例如，Signal 是一款以隐私保护为核心理念的通信应用，其所有通信内容都采用了端到端加密的方法。这意味着用户的消息和通话内容在发送和接收双方之间进行加密传输，即使是 Signal 公司本身也无法查看其中的内容。此外，Signal 的隐私政策简单透明，只要求用户提供注册手机号，不收集其他个人信息。其应用的源代码是公开的，用户和专家都可以审查和验证其安全性。

Signal 的端到端加密确保了任何外部第三方（包括 Signal 公司本身）都无法读取用户的通信内容，用户的隐私安全性大幅增强。这种加密机制不依赖中央服务器的加密存储，而是通过每一条通信内容本身的加密确保用户数据的不可访问性。Signal 仅收集用户的注册号码，不保留消息记录、位置数据、联系人等信息。这种数据最小化策略有效减少了用户数据被滥用或泄露的风险。即便发生数据泄露事件，攻击者能够获取的用户信息也极其有限。这种透明性使 Signal 在隐私保护方面获得了更高的公众认可。Signal 的隐私政策和透明的设计赢得了全球用户的信任，特别是对隐私高度关注的用户群体。由于强大的隐私保护措施，Signal 迅速在泄露隐私事件频发的环境下获得大量用户。对于企业来说，这种设计也带来了声誉的提升，使 Signal 不仅受到用户的信赖，还得到了许多隐私保护专家的推荐，甚至在特定的安全场景中被政府和企业采用。

在 2020 年新冠疫情期间，Zoom 作为视频会议平台迅速普及，成为远程办公和在线教学的重要工具。然而，由于隐私保护措施不完善，Zoom 在用户数据和会议隐私方面频繁出现问题。例如，未加密的视频会话被恶意用户侵入（即"Zoombombing"），敏感会议信息泄露。由于会议保护功能薄弱，所以 Zoom 的开放视频会议链接容易被外部用户侵入。这导致敏感会议信息被泄露，甚至一些公共会议在被入侵时出现辱骂和不当内容，使用户对平台的安全性产生怀疑。Zoom 最初的隐私政策并不透明，用户在使用该平台时难以知晓数据被共享给了第三方。这种不透明的数据管理方式暴露出 Zoom 在隐私保护上的不足，引发用户的强烈不满。事件曝光后，Zoom 迅速采取措施，包括增加会议密码和用户身份验证功能，并允许用户关闭第三方数据共享。Zoom 还调整了隐私政策，保证数据使用上的透明性。然而，这些补救措施是问题被广泛报道后的紧急应对，其声誉已受损。Zoom 的隐私问题导致其声誉受损，许多用户开始担心自己的会议隐私和个人数据是否安全。甚至一些政府机构、企业和学校出于安全考虑，禁止工作人员、员工或学生使用 Zoom。此外，Zoom 面临多个国家的隐私审查和法律诉讼，这对企业运营和发展造成了直接影响。隐私问题带来的负面声誉不仅影响了 Zoom 的用户基础，还影响了用户对平台的长期信任。

6.2.4 可持续性：实现长期发展的导航

在数字创新过程中，可持续性原则越来越受到重视。随着全球对可持续发展的关注加剧，企业在推动技术创新时，必须考虑其对环境和社会的长远影响。

可持续性体现了企业所承担的社会和环境的责任。在数字创新过程中，企业需要在经济效益与社会责任之间找到平衡。例如，某知名科技公司在开发新产品时，采取了可回收材料和绿色能源降低生产过程中的碳排放量。此外，该公司设立了专门的可持续发展团队，负责监督所有产品对环境的影响，确保其商业实践符合可持续发展目标。

可持续性可以提升企业的竞争力和市场份额。越来越多的消费者在选择产品时，倾向于选择那些对环境友好的企业。例如，某电动汽车制造商通过持续推动绿色技术创新，不仅满足了消费者的环保需求，还在市场中获得了显著的竞争优势。根据市场调研，消费者对该品牌的忠诚度显著高于对传统汽车品牌的忠诚度，反映了可持续性在市场中的重要性。

然而，实现可持续性并不容易。企业需在技术研发、资源使用和社会责任等方面做出全面考虑。这不仅要求企业在创新过程中具备长远视野，还需要将可持续性纳入企业战略，形成系统性的管理框架。

例如，微软股份有限公司（简称"微软公司"）在数字创新和可持续性方面的努力在业界广受好评。微软公司在云计算和人工智能领域的技术创新取得了显著的成果。微软公司的云计算采用了节能数据中心，并致力于使用100%的可再生能源。微软公司的目标是在2030年前实现"碳负排放"，即吸收的碳排放量超过自身的排放量。此外，微软公司承诺到2050年将从大气中移除自成立以来所有的碳排放量。在技术创新方面，微软公司还开发了 AI for Earth 项目，专注于利用人工智能来解决全球的环境问题。AI for Earth 项目支持环境保护领域的创新者开发更多保护项目，为他们提供技术支持和资金资助，借此发展全球的农业、水资源管理、气候变化和生物多样性的保护项目。微软公司利用其先进的数字工具进行环境监测、数据分析和预测，以此帮助合作伙伴减少对环境的负面影响。微软公司的可持续发展战略与其数字创新高度契合，将云计算和人工智能用于环保领域，使其在竞争中获得了独特优势。通过高效的数据中心和人工智能驱动的环境解决方案，微软公司不仅提高了资源使用效率，还减少了其业务对环境的负面影响。同时，微软公司的环保举措吸引了大量关注，赢得了消费者和投资者的信任与支持。这一策略帮助微软公司在不断扩大的可持续市场中建立了良好声誉，同时也成为在新时代背景下技术创新与社会责任相结合的企业典范。

例如，脸书（现名 Meta platforms）在数字创新方面广受欢迎，其算法不断优化，以增加用户参与度和广告收入。然而，这些算法在推动用户互动的同时却忽视了其带来的社会可持续性问题。脸书的推荐算法倾向于推荐那些更能引发情绪反应的内容，这些内容往往偏向极端化或分裂性。此举虽然增加了平台的用户停留时间和广告收益，但导致社会不良影响、假新闻传播及用户心理健康出现问题。脸书自身也承认了算法推荐机制对社会产生的负面影响，并表示将调整其算法以减少负面信息的传播。然而，由于收入模式和商业利益的驱使，脸书并未做出根本性的改变，仍然在为互动量和广告收入最大化而牺牲企业可持续性。脸书的案例表明，数字平台在创新和用户参与度上取得成功的同时，如果忽视社会可持续性，可能会产生深远的负面影响。脸书通过算法优化增加了互动量的策略，而忽视了信息的真实性和社会影响。尽管脸书对这一问题做出了一些回应，但其收入模式和算法机制仍然过度依赖用户参与度，这与可持续性原则相悖。与之相对，数字平台可以选择透明、公正的方式运营，将社会责任纳入算法设计中，从而实现真正的可持续发展。

6.3 实施途径

在数字创新过程中，企业可以采取一系列具体措施，以实现透明性、公正性、隐私保护和可持续性这四个核心原则。这些措施不仅有助于企业在数字经济中建立良好的声誉和用户信任，还能推动长期的可持续发展。以下将详细阐述在每个原则下企业可以采取的实际行动。

1. 透明性：构建信任的基石

明确数据政策：企业应制定并公开易于理解的数据收集和使用政策，确保用户清楚了解其数据将如何被使用。这可以通过企业网站、移动应用内的提示和定期的用户通信实现该政策。

用户教育与培训：企业定期举办网络研讨会或开展在线课程，为用户讲授关于数据使用、隐私保护和数据安全的知识，增强用户的参与感。

数据使用报告：企业定期发布数据使用报告，概述企业如何使用和管理用户数据，提供清晰的分析和统计数据。这种透明的做法有助于增强用户的信任度。

2. 公正性：避免算法歧视的盾牌

算法审查与优化：企业应建立一个专门的团队，负责定期审查和优化算法，确保决策过程无任何偏见。企业可以采用多样化的数据集训练模型，以避免某一特定群体受到歧视。

多方利益相关者参与：在设计和实施算法时，企业邀请来自不同背景的利益相关者参与讨论，以确保各方面的声音得到充分表达。这有助于企业识别潜在的偏见和歧视。

公平性指标设定：企业可以设置并监控公平性指标，定期评估其产品在不同群体中的表现。例如，在在线广告投放中，企业分析不同性别、年龄和种族的用户反应，以确保没有群体被系统性地忽视或歧视。

3. 隐私保护：捍卫用户权利的壁垒

数据加密与安全：企业在数据传输和存储过程中使用强加密技术，确保用户的个人信息在任何情况下都不会被未授权访问。

用户权限控制：企业为用户提供明确的权限设置，允许他们控制自己的数据被访问和使用。例如，用户可以选择是否允许企业使用其数据进行个性化推荐。

数据泄露应急计划：企业建立一套数据泄露应急响应计划，以快速、有效地应对可能的数据泄露事件，并及时通知用户，降低对用户的影响。

4. 可持续性：实现长期发展的导航

绿色技术的应用：企业在产品设计和生产过程中采用可持续的材料和技术，如使用可回收材料或低能耗设备，以减少对环境的影响。

社会责任项目：企业可以设立专项资金或项目，支持社区的可持续发展，如参与教育、环境保护或社会福利项目，以提升企业的社会责任形象。

可持续发展报告：企业定期发布可持续发展报告，阐述企业在社会、环境和经济方面的贡献和成就。

6.4 数字创新中的社会责任

数字创新中的社会责任涉及企业在技术变革过程中，除了追求经济效益，还需积极应对伦理和社会的挑战。这一责任要求企业负责任地使用技术，不仅要推动效率提升和市场扩展，还要关注社会影响，以确保创新成果能够在公平、可持续的基础上造福社会。以下内容将从更深层次的角度重新讨论数字创新中的社会责任，包括社会责任的动态内涵、企业社会责任实践的复杂性、行业趋势与社会责任的演变及实现数字创新社会责任的方式。

1. 社会责任的动态内涵

在数字创新中，社会责任不仅限于合规性和伦理性，而是一种动态的、多层次的责任。随着数字技术的迅猛发展，企业的社会责任从单纯的伦理义务逐步扩展到对用户福祉、社会公平和环境可持续性的承诺。社会责任在数字创新中呈现出多维度的特征。

用户参与和透明沟通：数字技术的发展让用户对企业的产品有了更多话语权，企业需在用户数据的使用、技术的透明性等方面实现开放沟通，以确保用户知情权和信任的建立。

技术对社会结构的影响：数字创新加速了社会结构和劳动力市场的变革，推动了自动化与人工智能的发展。这要求企业在技术应用中关注就业机会的重组、技能提升和对弱势群体的支持。

2. 企业社会责任实践的复杂性

数字创新为企业提供了诸多新的发展机遇，但也带来了复杂的社会责任实践挑战。企业在实践中会面对以下难题。

创新与合规的冲突：技术创新的快速发展常常超过现行法规的监管速度，导致合规与创新之间产生冲突。例如，数据隐私法规的实施尚未完全覆盖到人工智能的隐私保护需求，这种情况下企业需要主动制定超出法规的隐私保护措施。

多利益相关者的平衡：在数字生态系统中，企业面对的利益相关者结构极为多元化，包括用户、合作伙伴、监管机构和社会公众。企业需在不同利益相关者的需求之间找到平衡，实现社会责任与业务目标的整合。

3. 行业趋势与社会责任的演变

随着全球对数字创新中的社会责任日益关注，行业趋势呈现出明显的社会责任演变。

社会责任透明化趋势：越来越多的企业在披露社会责任方面采取了更透明的措施，通过报告和数据公开向公众展示在隐私保护、数据安全和社会可持续性方面的努力。这种透明化趋势在推动企业自我约束的同时，也增加了企业的声誉。

平台化与生态系统责任：在数字平台生态系统中，企业不仅需承担自身的责任，还需对平台内其他参与方的行为负责。企业需通过建立平台治理机制和标准，确保对整个生态系统负责。

4. 实现数字创新社会责任的方式

为了在数字创新中落实社会责任，企业可以采取以下几种方式。

建立多层次的伦理审查体系：企业可以构建专门的伦理委员会，负责监督技术的伦理影响评估。伦理委员会不仅针对算法和数据，还包括产品设计和市场推广，确保每个环节都符合社会责任的要求。

推动技术教育和数字普惠：企业应通过教育和技能培训，促进数字技术的普惠性发展，从而确保更多人能够平等地享受技术带来的便利。例如，一些科技企业已投入资源帮助偏远地区提升数字化技能，实现技术普惠的社会责任。

加强国际合作与标准化：在全球化数字创新环境中，社会责任的实现需要国际合作与标准化。例如，国际公司可以通过参与行业联盟，共同制定数据使用和隐私保护方面的标准。

6.5 数字鸿沟与可持续发展

6.5.1 数字鸿沟的现状与成因

目前，数字鸿沟已成为全球范围内数字化转型过程中的一个关键问题。具体而言，数字鸿沟不仅是技术接入上的差异，更是经济、教育和政策等多方面问题共同作用的结果，表现在互联网普及率、宽带接入质量、数字技能掌握程度等多个方面。

在全球范围内，互联网并未实现全面覆盖。国际电信联盟的数据显示，全球仍有超过37亿人无法接入互联网，这一现象在发展中国家尤为显著。一些国家由于缺乏完善的基础设施和技术投入，网络接入率远低于发达国家，这些国家在全球数字经济中的参与度受限。

除了互联网普及率的差异，宽带接入质量的不同也加剧了数字鸿沟。即便部分地区实现了互联网接入，但由于基础设施落后，宽带的传输速度和稳定性远低于发达地区。这种差距不仅限制了居民对数字服务的有效利用，还进一步影响了他们获取信息、接受教育、参与经济活动的机会，使这些地区在数字化转型过程中处于劣势。例如，宽带质量差的地区难以顺畅地进行远程教育或参加在线培训项目，进一步拉大了其与发达地区在技能和就业机会方面的差距。

此外，数字技能掌握程度低也显著加剧了数字鸿沟。尽管在部分国家和地区，数字技术的基础设施已相对成熟，但许多居民仍然不具备必要的数字技能，难以在数字化环境中有效参与。例如，在农村和偏远地区，居民往往对如何使用计算机和互联网存在知识上的空白，这使他们即便有接入互联网的机会，也无法利用数字工具。与之相对，在发达国家和地区，数字技能的培训较为普及，居民能够更熟练地使用数字工具，从而在信息获取和资源利用上拥有更多优势。这种数字技能上的鸿沟直接影响了不同国家和地区的经济机会和发展潜力，进一步加剧了发展不平等的现象。

造成数字鸿沟的原因多样且复杂，经济和地理因素是主要的制约条件。经济基础薄弱的国家或地区往往难以负担互联网基础设施的建设费用，导致网络覆盖不足，接入成本高昂。例如，偏远地区的网络建设成本高昂，企业和政府的投资意愿较低，从而使这些地区的居民难以负担使用网络的成本，形成恶性循环。此外，教育资源的不足和文化认知差异也是数字鸿沟产生的重要原因。教育水平较低地区的居民对数字技术的认知有限，不具备相关技能，也对数字技术的使用抱有一定的排斥心理。而在文化上，部分地区对新技术抱有保守态度，导致数字化的推进面临更大阻力。

政策和制度障碍是出现数字鸿沟的原因之一。一些国家在互联网接入和数字技术的推广上存在政策上的局限，特别是对信息自由流通的限制和严格的市场监管，使国际技术和资源的引入受到限制，进而影响数字基础设施的建设和推广。同时，一些地区缺乏完善的数字技术发展规划和政策支持，导致创新环境不足，数字化进程相对迟缓。这些政策和制度上的壁垒在一定程度上限制了技术普及和创新成果的传播，使数字鸿沟问题在不同国家和地区之间愈加明显。

6.5.2 缩小数字鸿沟的策略

加强数字基础设施建设是缩小数字鸿沟、实现社会包容的重要一步。政府的投资和支持在这方面起着关键作用。对于农村和偏远地区而言，地理条件和经济状况常是数字基础设施建设的瓶颈。因此，政府需要加大对这些地区的支持力度，如建立宽带网络、架设移动通信塔，以降低网络接入的门槛，让更多人享受数字技术带来的便利。这样的政策不仅能够提高互联网的普及率，还为偏远地区居民带来了更多的信息和就业机会。

公共部门和私营企业合作是加速数字基础设施建设的有效途径。通过鼓励公共部门和私营企业之间的合作，利用市场机制和创新模式，双方可以在资源和技术上实现互补，加快基础设施的建设和运营。例如，私营企业可以提供先进的技术和运营经验，而公共部门则可以为项目提供政策支持和财政补助。这样的合作模式能够最大限度地提升数字基础设施的建设效率和服务质量，同时减轻公共部门的负担，促进数字基础设施的全面发展。

技术创新在解决网络覆盖难题上有显著的发展潜力。卫星互联网和无人机基站等新技术正逐渐成为网络服务的有效替代方案。例如，SpaceX 的 Starlink 项目通过低轨道卫星为全球提供高速互联网接入服务，让传统网络无法覆盖的地区也能享受网络带来的便利。这样的技术革新不仅突破了地理限制，还为提升全球数字化水平提供了新思路，为缩小数字鸿沟开辟了更多可能性。

提升数字技术和教育水平对于数字鸿沟的弥合至关重要，特别是在经济欠发达和教育资源不足的地区。学校教育是普及数字技术的基础手段，将计算机和互联网课程纳入学校教育体系，能让年轻一代更早地掌握数字技术，为未来的数字化发展奠定基础。此外，在线学习平台为各年龄段的人提供了自主学习的机会。许多平台都推出了免费的数字技能培训课程，用户可以根据个人需求进行学习，这种灵活的方式尤其适合偏远地区的居民。

社区培训进一步扩大了数字技能的覆盖面。社区设立数字化学习中心，提供面对面的培训和技术支持，能够帮助老年人、低收入群体等人群提升数字化素养。例如，社区志愿者可以通过手把手教学，帮助这些群体克服技术难题，从而更好地融入数字社会。社区中心还可以成为居民学习和交流的场所，增强他们对数字技术的接受度，为数字鸿沟的缩小提供持久的支持。

促进包容性创新对于推动数字社会的全面发展至关重要。包容性创新不仅是技术创新，更是为弱势群体提供量身定制的数字产品。政府可以通过政策激励和资金支持，鼓励社会企业和初创公司开发面向弱势群体的服务，如医疗保健、教育和普惠金融等领域的数字产品。对为低收入群体提供金融服务的企业提供税收优惠，这样的政策激励能够有效促进包容性创新的实践，使数字经济的成果更好地惠及社会各个阶层。

6.5.3 企业的社会责任与可持续发展

在当前商业环境中，企业社会责任（CSR）和环境、社会与治理（ESG）标准已成为衡量企业可持续发展及社会贡献的重要指标。企业社会责任的实践包括企业在经营活动中主动承担的社会和环境责任。例如，关注环境保护、提升员工福利和支持社区发展不仅有助于减少企业对环境的负面影响，还能改善员工生活质量，增强企业在社区的影响力。通过这样的举措，企业能够有效提升品牌形象和声誉，赢得更广泛的社会认可，并进一步增强竞争力。CSR 的持续实践帮助企业构建负责任的公众形象，有助于品牌价值的长期积累和市场忠诚度的提升。

对 ESG 投资已在全球金融市场上成为重要趋势，投资者越来越重视企业的环境、社会与治理表现，将其视作投资决策的关键指标。ESG 绩效优良的企业在吸引投资者、金融支持和商业合作上通常具有优势。这种变化反映了市场对可持续性和企业社会责任的关注，为企业提高 ESG 绩效提供了额外的激励。通过加强环境保护措施、维护员工权益和优化公司治理结构，企业能够提升 ESG 绩效，获得更多的投资和合作机会，从而为未来的可持续发展奠定更坚实的基础。

数字化转型为企业更好地履行社会责任提供了新手段。数字技术不仅帮助企业提高了经营效率，还为其履行社会责任提供了新的途径。例如，区块链在供应链管理中的应用使整个供应链变得更加透明和可追溯。区块链记录了每个环节的交易和流转情况，能有效防止不道德的生产和交易行为，帮助企业在供应链中有更高的道德标准。此外，企业的供应商、生产商和消费者都可以实时查看相关信息，从而增强企业在履行社会责任方面的可信度。

数字平台的使用提升了员工的参与度和沟通效率。通过内部沟通平台和协作工具，员工可以更加便捷地沟通交流，参与公司的社会责任项目，并积极提出自己的建议和反馈，这种透明的参与机制增强了员工对企业的归属感和忠诚度。此外，数字平台可以让员工及时了解企业在社会责任方面的最新动态，鼓励员工共同参与和推动相关项目，形成全员参与的企业社会责任文化，增强企业内部的凝聚力。

在社会影响力方面，数字平台为企业传达社会责任理念提供了强大的工具。企业可以通过社交媒体广泛宣传其在环境保护、员工福利和社区发展方面的行动和成就，吸引更多的公众关注和理解。这种广泛的传播不仅帮助企业扩大了社会责任的覆盖面，还能吸引更多利益相关者参与和支持，形成良性循环。通过数字平台，企业的社会责任项目能够更加直接地融入公众生活，提升了企业在社会中的影响力，并进一步促进了公众对社会责任的认知和重视。

6.5.4 创新与社会价值的平衡

在企业追求技术创新的过程中，关注其对社会的影响变得愈发重要。技术创新带来了就业与技能需求的变化。随着自动化和人工智能技术的普及，某些传统岗位面临消失的风险，尤其是在制造业和基础服务行业。这一现象不仅影响了在职员工的就业前景，还意味着新的技能需求在不断涌现。企业和政府必须共同努力，关注劳动力的转型和再培训，确保员工能够掌握新的技能，以适应未来的职场需求。例如，某些企业已经开始与职业培训机构合作，为员工提供转型培训课程，以帮助他们更好地融入快速变化的工作环境。此外，政府也可以出台政策，支持技能再培训计划，以降低技术革新对劳动力市场的冲击。

数字鸿沟的加剧是技术创新带来的社会影响之一。尽管新技术为社会的发展带来了机遇，但过度依赖高端技术可能导致技术资源更加集中在少数人手中，从而加剧社会不平等。在一些国家，富裕地区与贫困地区在数字基础设施和技术接入方面的差距日益明显。这种情况不仅限制了部分人群的就业机会，还削弱了部分人群在社会经济活动中的参与感和归属感。因此，企业在创新过程中需要关注如何提升技术的普惠性，确保各个社会群体都能平等享受到数字化社会带来的好处。企业可以通过设立数字技能培训项目、提供低成本或免费的技术接入渠道等方式，帮助弱势群体提升数字技能，缩小数字鸿沟。

在技术创新的过程中，伦理与道德的问题不可忽视。例如，人工智能、基因编辑等前沿技术的应用带来了伦理和道德挑战。人工智能系统可能会在决策过程中引入偏见，而基因编辑技术则涉及人类生命伦理等复杂问题。这些技术的滥用可能会对社会造成严重的负面影响，因此企业必须在创新过程中考虑这些伦理问题，制定相应的伦理准则和责任框架，以引导技术健康发展。例如，一些科技公司开始设立伦理委员会，以确保其产品在设计和实施过程中遵循伦理规范，并尊重用户的权利和隐私。

为了实现技术创新与提升社会价值的共赢，多方参与的治理模式显得尤为重要。企业、政府、社会组织和公众应共同参与技术创新的治理，确保利益的平衡和风险的控制。这种多方参与的治理机制可以确保不同利益相关者的声音得到充分重视，从而使创新决策更加透明和公正。通过建立跨行业、跨领域的合作平台，各方可以共享资源和信息，在推动技术创新的同时，降低可能带来的社会风险。

以人为本的创新理念是实现技术创新与提升社会价值共赢的核心。将人类的福祉和社会的可持续发展分别作为技术创新的出发点和目标，有助于确保技术的发展方向与社会的需求一致。企业在进行技术创新时，应该更多地关注人的需求和价值，确保技术不仅能提升生产效率，还能改善人们的生活质量。例如，许多企业已经开始在产品设计中融入用户反馈，关注用户的真实需求，从而在提升用户体验的同时，推动产品可持续发展。

责任创新的理念应当贯穿技术创新的整个过程。在技术创新的过程中，企业需要主动考虑社会、伦理和环境的影响，识别和评估可能的负面影响，并采取相应的措施进行防范。通过开展社会影响评估和环境影响评估，企业能够更清晰地了解技术创新可能带来的后果，从而制定更为合理的创新策略。在这一过程中，企业还可以与利益相关者进行开放的对话，确保各方对技术创新的期望和担忧得到充分讨论，促进技术可靠地发展。

本章深入探讨了数字创新背景下的伦理与社会责任，重点分析了隐私保护、网络安全、数字鸿沟及可持续发展等关键话题。在数字化转型的过程中，企业与政府必须高度重视这些问题，确保技术进步不仅能够促进经济增长，还能够为社会的可持续发展贡献力量。

数字技术不断演进，新的伦理挑战和社会责任问题也随之而来。为了应对这些挑战和问题，企业和社会需要建立完善的机制，确保技术创新与提升社会价值协调发展。通过加强隐私保护、提升网络安全水平、缩小数字鸿沟及推动可持续发展，确保数字化转型的成果惠及所有人，从而创造一个更加美好的未来。

因此，面对日益复杂的数字化环境，各利益相关者需共同努力，形成合力，以积极的态度应对这些伦理挑战和社会责任问题。唯有如此，才能在技术快速发展的背景下，保障社会的公正与平等，实现更高水平的可持续发展。

案例：华为的数字创新与社会责任实践

一、背景介绍

华为技术有限公司（简称"华为"）成立于1987年，总部位于广东省深圳市，现已成为全球领先的信息与通信技术（ICT）解决方案供应商。华为不仅在电信设备、智能手机和云计算等领域取得了显著成就，还在数字化转型中探索了多种创新技术。在追求经济效益的同时，华为积极承担社会责任，特别是在隐私保护、网络安全、缩小数字鸿沟、可持续发展等方面，力求在实现商业目标的同时，促进社会进步。

二、隐私保护：建立透明的数据管理机制

1. 实践措施

华为在隐私保护方面采取了多项措施，致力于提升用户数据的安全性和透明度。首先，华为制定了明确的隐私政策，详细说明了用户数据的收集、存储和使用方式。这些政策不仅符合国际数据保护标准，如GDPR，还会被定期审查和更新，以适应不断变化的法律法规。

其次，华为的设备提供了用户自主管理数据的功能，用户可以随时查看和修改自己的隐私设置。通过简化的操作界面，用户可以便捷地控制哪些数据可以被收集和使用。

2. 分析与挑战

华为的隐私保护措施有效地增强了用户对华为的信任。然而，全球各地的数据保护法律的差异使华为在不同市场的合规性管理变得复杂。尽管采取了透明的数据管理机制，但在某些国家或地区，由于文化和法律环境的不同，用户的隐私保护意识和接受程度可能不足，这给华为的全球运营带来挑战。

三、网络安全：构建强大的防护体系

1. 实践措施

网络安全是华为数字创新的重要组成部分。为了提升网络安全防护能力，华为在其产品中实施了多层次的安全措施。例如，在云服务中，华为采用了先进的身份验证技术、数据加密手段和实时监控系统，以确保用户数据的安全。

2. 分析与挑战

华为在网络安全方面的努力提升了其市场竞争力，并增强了用户对其产品的信任。然而，随着网络攻击手段的不断演变，华为必须不断更新和优化其安全防护措施，以应对新的安全威胁。此外，网络安全事件频发也给华为的声誉带来了风险，华为必须在安全投资和用户期望之间找到平衡。

四、缩小数字鸿沟：促进数字技能培训

1. 实践措施

华为认识到，数字鸿沟是制约社会发展的重要因素。为了缩小数字鸿沟，华为积极参与数字技能培训项目。例如，华为与发展中国家的政府和教育机构合作，设立"华为ICT学院"，提供全面的数字技能培训课程，帮助当地居民提升其数字技术能力。

此外，华为开展了"种子计划"，旨在支持大学生和年轻创业者，提供技术培训和创业支持，以提升他们在数字经济中的参与度。

2. 分析与挑战

通过这些培训项目，华为帮助许多人掌握了数字技能，增强了他们的就业能力。然而，数字鸿沟的缩小不仅需要企业的努力，还需要政府和社会各界的共同支持。在一些偏远地区，教育资源的匮乏和基础设施的不完善仍然是重大障碍，华为在这些地区的工作可能受到限制。

五、可持续发展：践行绿色创新理念

1. 实践措施

华为在可持续发展方面的努力体现在其绿色创新理念上，致力于在产品设计中采用环保材料，并通过技术创新降低能源消耗。例如，华为在智能手机和网络设备的生产过程中，尽量减少对环境的影响，并致力于实现碳中和目标。

华为在多个项目中实施可再生能源方案，如在其数据中心使用太阳能和风能，以减少碳排放。

2. 分析与挑战

华为在可持续发展方面的举措不仅满足了市场对环保的需求，还为自身树立了良好的社会形象。然而，真正实现可持续发展还需要企业在产品生命周期管理、资源循环利用等方面进行更深入的探索。此外，市场对绿色产品的接受度和消费者行为的变化也可能影响华为在可持续发展方面的成就。

六、结论

华为在数字创新与社会责任实践之间寻找平衡，通过建立透明的数据管理机制、强化网络安全防护、促进数字技能培训及践行绿色创新理念，展现了其对社会责任的承诺。然而，这些努力并非没有挑战。在全球化背景下，文化、法律、市场环境的差异都可能对华为的社会责任实践构成障碍。

华为的案例表明，数字创新不仅是技术进步的体现，更是企业履行社会责任的机会。企业应将社会价值纳入其发展战略，实现技术创新与社会责任履行的有机结合，从而为可持续发展做出更大贡献。只有这样，企业才能在快速变化的数字经济中获得长久的成功。

参考文献

[1] MAYER-SCHÖNBERGER V, CUKIER K. Big Data: A Revolution That Will Transform How We Live, Work and Think [M].London: John Murray, 2013.

[2] FLORIDI L. The Ethics of Information[M].Oxford: Oxford University Press, 2013.

[3] SCHMIDT E, COHEN J. The New Digital Age: Reshaping the Future of People, Nations and Business[M].New York: John Murray Publishers, 2013.

[4] PORTER M E, KRAMER M R. Creating Shared Value[J].Harvard Business Review, 2011, 89(1-2): 62-77.

[5] CHAKCHOUK M. Understanding UNESCO's Internet Universality Framework: ROAM Principles and Indicators[J].Annales Des Mines-Enjeux Numériques, 2020, 11(3): 28-34.

[6] GONZÁLEZ E, ROBLES A. Digital Innovation and Business: A Systematic Review and Research Agenda[J].Journal of Business Research, 2019, 95: 331-344.

[7] ZUBOFF S. The Age of Surveillance Capitalism: The Fight for a Human Future at the New Frontier of Power[M].New York: Public Affairs, 2019.

第7章

绿色创新

在全球气候变化和环境危机日益严重的背景下,绿色创新已经成为各国政府、企业和社会组织的共同目标。绿色创新不仅关注经济利益,还考虑生态环境的可持续性,致力于减少对自然资源的消耗,降低环境污染,推动社会向可持续的方向发展。本章将深入探讨绿色创新的概念、核心要素、应用案例,以及如何推动绿色创新在不同领域的实践。

7.1 绿色创新概述

在全球气候变化和环境危机日益严重的背景下,绿色创新作为一种全新的发展理念,日益成为推动经济可持续发展的核心动力。随着数字经济的迅猛发展,企业面临前所未有的机遇与挑战。如何在追求经济增长的同时,降低对环境的影响,成为当今社会亟待解决的重要问题。绿色创新不仅关乎环境保护,还是实现经济转型与产业升级的关键途径。通过引入先进的数字技术和管理理念,企业可以优化资源配置、提高生产效率,进而推动整个社会向更加绿色、可持续的未来迈进。在这一背景下,探索绿色创新的内涵、与数字经济的关系,以及其在全球经济转型中的重要性,显得尤为重要。

7.1.1 绿色创新的概念与重要性

绿色创新是通过引入新技术、新方法和新理念,在产品、服务和生产过程中实现资源节约、环境保护和可持续发展的创新活动。根据联合国环境规划署(UNEP)的定义,绿色创新不仅关注产品的环保性,还包括整个价值链的绿色转型。这意味着,绿色创新涉及从原材料采购、生产工艺、物流配送,到产品使用和回收的全过程。

经济学中的可持续发展理论强调,经济增长不应以牺牲环境为代价。根据环境库兹涅茨曲线,在经济发展的初期,环境污染会随着经济增长而加剧,但当收入达到一定水平后,污染程度将开始下降。绿色创新可以帮助企业在经济增长的同时改善环境,从而形成良性循环。同时,资源基础理论也强调企业的竞争优势来源于其独特的资源和能力。绿色创新被视为一种战略资源,能够提高企业的市场竞争力,尤其是在可持续发展的市场环境中。绿色创新致力于通过技术创新与管理创新,降低企业运营对环境的负面影响。

7.1.2 数字经济与绿色创新的关系

数字经济是以数字技术为基础,通过互联网、大数据、人工智能等技术实现生产、管理和消费转型的经济形态。数字经济的核心在于信息的高效流通、资源的优化配置与智能化管理。数字经济与绿色创新的关系可以从以下几个方面进行讨论。

1. 信息共享与透明度

数字经济通过大数据、云计算等技术,增强了信息的流动性和透明度。这种透明度使得企业在追求绿色创新时,能够更好地监测和评估其环境影响。例如,企业可以利用实时数据分析、监控生产过程中的能源消耗和废物排放,从而及时调整生产策略,减少资源浪费。

2. 智能化决策支持

人工智能和机器学习技术为企业提供了先进的决策工具。这些技术能够分析大量的数据,从而帮助企业识别市场趋势、预测环境变化、优化资源配置。这种智能化决策不仅提升了企业的运营效率,还为绿色创新的实施提供了坚实的基础。例如,利用人工智能进行供应链管理,企业能够优化运输路线,减少碳排放,提高资源利用效率。

3. 协同创新

数字平台的开放性与共享性促进了企业、科研机构与社会组织之间的协作创新。通过跨界合作,各方能够共享资源、知识与技术,加速绿色技术的研发与应用。例如,许多企业通过与大学和研究机构合作,开发出新型环保材料和清洁生产工艺,从而推动绿色创新。

4. 市场导向

数字经济的兴起使市场信息更加透明,消费者对产品的选择更加多样。绿色产品因其环保特性受到越来越多消费者的青睐,推动企业加快绿色创新的步伐。数字营销和社交媒体的普及使企业能够快速响应市场需求,调整产品设计和生产工艺,以适应消费者对可持续产品的偏好。

7.1.3 绿色创新的重要性与趋势

绿色创新在当前全球经济转型中扮演着重要的角色,其重要性可以从以下几个方面来说明。

全球气候变暖已成为 21 世纪面临的重大挑战,各国政府和国际组织相继推出政策以推动绿色经济的发展。绿色创新不仅是应对气候变化的重要手段,还是实现国家可持续发展战略的关键。通过引入绿色创新,企业能够在减少碳排放的同时,提高其在国际市场上的竞争力。

随着公众环保意识的提升,绿色产品的市场需求不断增加。越来越多的消费者愿意为环保产品溢价购买,推动企业通过绿色创新提升产品的环保性能。例如,许多知名品牌推出绿色系列产品,吸引了大量注重可持续消费的客户群体,从而增强了市场竞争力。

各国政府正在制定和实施一系列支持绿色创新的政策法规,包括环保标准、排放交易制度、绿色税收等。这些政策法规不仅为企业的绿色创新提供了激励,还推动了社会整体向可持续发展转型。政策法规的引导作用使绿色创新成为企业战略规划中的重要组成部分。

绿色创新不仅能够减轻环境负担,还能推动经济结构优化升级。通过发展绿色产业,企业能够创造新的就业机会,从而推动经济向高质量发展转型。同时,绿色创新能够提高资源利用效率,降低企业运营成本,增强其长期竞争力。

从目前发展趋势来看,绿色创新正逐步向系统化和综合化方向发展。企业不再只关注单项技术的突破,而是将绿色创新融入整个企业战略。这种系统化思维要求企业在进行绿色创新时,充分考虑所有利益相关方,包括客户、员工、社区和环境等。绿色创新未来将更加关注跨行业、跨领域的合作与协同,以实现可持续发展的共同目标。

7.2 绿色创新的核心要素

绿色创新作为推动可持续发展的重要动力,旨在通过创新方法与技术,实现经济增长与环境保护的双赢。在此背景下,绿色创新的核心要素越发受到关注,尤其是在资源效率、环境友好技术、可再生能源应用、生命周期管理和系统性思维等方面。

7.2.1 资源效率

提高资源效率是绿色创新的重要目标之一,强调绿色创新要在经济活动中最优化地利用自然资源,以减少对环境的负面影响。

1. 提高资源利用效率

提高资源利用效率的关键在于优化生产工艺与流程,通过技术创新和管理改进,降低原材料和资源的消耗。例如,精益生产和绿色制造等理念的引入,确保企业能够在保持产量的同时,显著减少材料浪费和资源消耗。许多企业通过实施生产过程的监测和改进,发现并消除了不必要的资源消耗,提升了整体效率。

2. 减少废物产生

绿色创新强调减少废物的产生,这不仅有助于保护环境,还能为企业节约成本。通过采用先进的废物管理技术和循环利用策略,企业能够将废物转化为可重复利用的资源,进一步降低生产成本。例如,汽车制造商通过回收、再利用生产过程中的金属废料,减少了废物的产生。

3. 绿色供应链管理

绿色供应链管理是提高资源效率的有效途径。它通过优化供应链,减少对环境的负面影响,以此提高资源效率。企业在选择供应商时,不仅要关注其成本和质量,还要考虑其环境表现与社会责任,从而推动整个供应链的绿色转型。

例如,在全球食品需求持续增长与环境压力加大的背景下,国际某知名食品企业面临提高粮食生产效率与可持续发展的双重挑战。为了应对挑战,该企业决定通过引入智能农业技术提高资源利用效率,并在环境保护方面发挥积极作用。该企业与当地农民建立了合作关系,形成了以科技为支撑的农业生产合作模式。该企业通过提供先进的智能农业设备和技术支持，帮助农民更好地管理他们的农田。

该企业部署了多个传感器和无人机，实时监测土壤湿度、气象条件和作物生长情况。传感器收集的数据通过云平台进行分析，生成精准的农业管理建议。例如，土壤湿度传感器能够提供实时数据，帮助农民判断何时进行灌溉。基于数据分析结果，该企业与农民共同制订了精准的灌溉和施肥计划。农民使用滴灌系统，能够将水分直接输送到植物根部，减少水分蒸发和流失。农民施肥时，可以根据作物的生长阶段和土壤养分含量，调整施肥量和施肥时间，从而最大限度地提高作物的吸收率。

通过引入智能农业技术，该企业成功地提高了资源利用效率。智能灌溉系统显著减少了水资源的使用，农田灌溉用水量减少了约30%。这一改变不仅帮助农民节省了水费，还减少了对水资源的整体消耗。优化施肥方案使作物的生长环境更加适宜，作物产量提高了15%～20%。更高的作物产量既直接增加了农民的收入，也提高了企业的粮食供应能力，确保市场需求得到充分满足。

7.2.2 环境友好技术

环境友好技术是绿色创新的核心组成部分，这些技术旨在减少生产过程中的污染物排放，减少对环境的影响。

1. 低污染生产技术

低污染生产技术的推广是实现绿色创新的关键。通过采用更环保的原材料和生产工艺，企业能够有效减少温室气体排放。例如，某汽车制造公司开发了新型电池技术，减少了汽车的碳排放，同时提升了能效。

2. 清洁生产技术

清洁生产技术强调在生产过程中采取措施，减少对环境的污染。例如，采用水循环利用系统，企业可以减少废水排放，减少水资源的消耗。此外，清洁生产包括能源的有效利用，鼓励企业使用高效设备与技术，降低能耗。

3. 环境监测与评估技术

环境监测与评估技术为企业实施绿色创新提供了数据支持。通过实时监测排放物和资源使用情况，企业能够及时发现环境风险并采取相应措施。这些技术不仅帮助企业优化了生产流程，还增强了其环境管理能力。

7.2.3 可再生能源应用

可再生能源的应用是绿色创新的重要方向，通过替代不可再生能源，可再生能源可以有效减少温室气体的排放，推动能源结构的绿色转型。

1. 可再生能源的种类与应用

可再生能源主要包括太阳能、风能、生物质能等。各类可再生能源的应用场景不断扩大，从电力生产到交通运输，均展现出巨大的潜力。例如，太阳能发电技术的进步，使得太阳能成为一种经济实用的能源选择，广泛应用于居民生活设施和工业设施。

2. 政策支持与市场发展

各国政府通过制定鼓励可再生能源发展的政策，推动可再生能源市场的快速成长。例如，很多国家设立了可再生能源配额制度，强制电力公司采购一定比例的可再生能源，促进了市场的健康发展。

3. 可再生能源的技术进步

技术进步是推动可再生能源应用的重要因素。风力发电机和太阳能电池板的效率不断提升，使可再生能源的经济性日益增强。此外，储能技术的发展解决了可再生能源间歇性的问题，提高了其使用的可靠性。

7.2.4 生命周期管理

生命周期管理强调产品的全生命周期，从原材料采购到生产、使用和最终处置，尽可能减少对环境的影响，推动循环经济的发展。

1. 生命周期评估

生命周期评估是一种系统分析工具，帮助企业评估产品在其整个生命周期内的环境影响。通过识别与环境相关的关键环节，企业可以制定针对性的改善措施。例如，通过生命周期评估，某家电子产品公司发现其产品在使用阶段的能耗对环境影响最大，其针对这一问题进行了技术改进。

2. 循环经济理念

循环经济强调资源的重复使用和再利用，以减少对自然资源的依赖，并减轻环境负担。企业通过设计可回收的产品和实施闭环生产模式，实现资源的高效利用。例如，某家具公司通过回收旧家具，再加工成新产品，成功实现了资源的循环使用。

3. 生态设计与绿色包装

生态设计是指在产品设计阶段，考虑环境因素，以降低产品对环境的负面影响。绿色包装的推广旨在减少包装材料的使用和废弃物的产生，通过使用可降解材料或可重复使用的包装，推动绿色消费。

7.2.5 系统性思维

系统性思维强调从整体上考虑社会、经济、环境等多方面因素，通过协同创新实现整体优化。

1. 综合治理与多方协作

绿色创新需要综合治理的视角，涉及多个利益相关者的协作。政府、企业、科研机构和社会组织应共同努力，推动绿色技术的研发和应用。例如，政府与企业合作，共同制定绿色发展战略，实现资源的最优配置。

2. 生态系统的构建

构建以绿色创新为核心的生态系统，能够促进不同领域的协同发展。企业在开展绿色创新时，应考虑与其他企业、研究机构及社会组织的合作，以实现技术和知识的共享。

3. 反馈机制与动态调整

系统性思维要求建立有效的反馈机制，实时监测绿色创新的实施效果，并根据反馈信息进行动态调整。这种灵活性使企业能够适应不断变化的市场环境和政策要求。

绿色创新的核心要素包括资源效率、环境友好技术、可再生能源应用、生命周期管理和系统性思维等。这些要素相互关联，共同推动着绿色创新的实现。理解和应用这些核心要素，有助于企业在全球化竞争中把握绿色发展机遇，推动可持续发展，实现长远利益。

7.3 绿色创新的驱动力

绿色创新的实施与推广受多种因素的影响和驱动。随着全球对可持续发展的关注不断加深，各国政府、市场力量，以及技术进步共同作用，推动了绿色创新的快速发展。本节将深入探讨政策与法规、消费者需求与市场趋势、技术进步与数字化转型，以及企业社会责任与可持续发展目标对绿色创新的驱动力。

7.3.1 政策与法规

政策与法规是绿色创新最直接的驱动力之一。各国政府为应对气候变化和环境污染，制定了一系列支持绿色技术和可持续发展的政策与法规。

1. 政府的角色

政府在绿色创新中的角色体现在多个方面，包括制定政策、提供资金支持、设定环保标准和法规等。例如，欧盟出台了绿色协议，旨在到 2050 年实现碳中和，通过推动绿色技术和可再生能源的应用，促进经济转型。这一政策不仅设定了明确的环境目标，还为相关行业的创新发展提供了指导与支持。

2. 财政激励与补贴政策

财政激励措施是政府推动绿色创新的重要手段之一。通过提供税收减免、补贴和融资支持，政府可以有效降低企业进行绿色创新的成本。例如，许多国家对使用可再生能源的企业提供税收优惠，鼓励它们投资绿色技术和可持续生产方式。此外，政府可以通过绿色债券等金融工具，为绿色项目的融资提供支持，进一步激励企业的绿色创新行为。

3. 法规与标准的建立

环保法规与标准的建立，直接影响企业的生产行为和创新方向。通过制定严格的排放标准和环保法规，政府可以促使企业采取更为环保的生产方式，以降低对环境的负面影响。例如，我国于 2020 年施行修订后的《中华人民共和国固体废物污染环境防治法》，对工业废物的处理提出了更高的要求，促使企业在生产过程中采用绿色技术。

4. 国际合作与协议

国际的合作与协议同样推动了绿色创新的发展。各国通过签署国际环境协议，如气候变化《巴黎协定》，共同承诺减少温室气体排放，这一国际性协定推动了各国在绿色创新领域的政策调整与技术研发。国际合作不仅促进了绿色技术的传播与交流，还加强了全球对可持续发展的共识。

7.3.2 消费者需求与市场趋势

消费者的需求和市场趋势是驱动绿色创新的重要因素。随着环保意识的提升，消费者越来越关注产品的环保特性和企业的社会责任，这对企业的创新方向产生了深远影响。

1. 消费者环保意识的提升

随着全球环境问题日益严重，消费者的环保意识显著增强。研究表明，越来越多的消费者愿意为环保产品溢价买单，甚至将环保因素作为其购买决策的核心考虑。企业在面对这种需求变化时，必须积极响应，开展绿色创新，以满足消费者对环保产品的期望。

2. 市场竞争与品牌形象

市场竞争的加剧促使企业加大在绿色创新方面的投入。许多企业认识到，绿色创新不仅可以提升产品的市场竞争力，还能改善品牌形象。例如，耐克和阿迪达斯等运动品牌通过推出用环保材料制成的运动鞋和服装，不仅满足了市场对绿色产品的需求，还树立了良好的企业形象，吸引了更多注重环保的消费者。

3. 新兴市场的机会

新兴市场的崛起为绿色创新提供了更多的机遇。随着中产阶级的崛起，尤其是在中国、印度等国家，消费者对高品质、环保产品的需求日益增长。企业在市场竞争中，可以通过绿色创新抓住商机，拓展市场份额。

4. 电子商务与绿色消费

电子商务的快速发展促进了绿色消费的兴起。通过互联网，消费者能够更方便地获取产品信息，并选择那些符合环保标准的产品。此外，许多电商平台开始推出绿色认证标志，帮助消费者识别环保产品，从而推动企业进行绿色创新。

7.3.3 技术进步与数字化转型

技术进步，尤其是数字技术的迅猛发展，为绿色创新提供了新的机遇与工具。数字化转型使企业在生产、管理和营销等方面能够更加高效、环保。

1. **绿色技术的创新**

技术创新是推动绿色创新的驱动力之一。新兴技术，如物联网、人工智能和区块链等，正在改变企业的生产方式与资源管理。例如，物联网技术可以帮助企业实时监控生产过程中的资源使用情况，从而优化生产流程，减少资源浪费和污染物排放。

2. **数字化转型与资源优化**

数字化转型使企业能够更高效地利用资源，提高生产效率。在制造业中，数字技术的应用使企业能够实现智能化生产，降低能源消耗，减少浪费。通过引入先进的生产管理系统，企业可以优化生产流程，提升资源利用效率，从而推动绿色创新。

3. **大数据与决策支持**

大数据技术的应用为企业提供了强大的决策支持能力。企业可以通过分析大量的数据，识别市场趋势、消费者偏好和环境影响，从而制定更加科学的绿色创新战略。例如，某些企业利用大数据分析了解消费者对绿色产品的偏好，从而调整产品设计与生产工艺，以满足市场需求。

4. **数字平台与协同创新**

数字平台为企业之间的协作与创新提供了新的机会。通过数字平台、企业、科研机构和社会组织能够进行跨界合作、共享资源与技术，从而加速绿色技术的创新与推广。例如，一些科技公司与高校联合开发新型环保材料，共同推动绿色创新。

7.3.4　企业社会责任与可持续发展目标

企业社会责任和可持续发展目标对绿色创新的驱动作用越来越明显。企业在追求经济利益的同时，也越来越重视社会责任与环境保护。

1. **企业社会责任的提升**

企业在经营活动中考虑对环境与社会的影响。许多企业在制定战略时，将可持续发展目标纳入考量范畴，积极推进绿色创新，以实现经济效益与社会效益的双赢。例如，某些大型企业通过减少碳排放、保护水资源等措施，展示其承担社会责任的一面。

2. **可持续发展目标的推动**

联合国于2015年提出的几个可持续发展目标为全球的可持续发展提供了清晰的方向。这些目标不仅包含消除贫困、教育公平等社会问题，还强调环境保护与可持续经济增长的重要性。企业在实现这些目标的过程中，必须依靠绿色创新来提高其产品的可持续性。

3. **利益相关者的影响**

利益相关者对企业的影响推动了绿色创新的发展。消费者、投资者、员工等利益相关者越来越关注企业的环境表现和社会责任。这种外部压力促使企业采取更加环保的生产方式，开展绿色创新，以提升其社会形象和市场竞争力。

7.4 绿色创新的数字技术

在全球气候变暖和环境危机日益加剧的背景下,绿色创新已经成为企业和社会转型的关键驱动力。伴随数字经济的蓬勃发展,数字技术在绿色创新中发挥着不可替代的作用。通过大数据、人工智能、区块链和物联网等先进技术,企业能够优化资源配置、提高环境监测精度、增强供应链透明度,进而实现更高效的环境保护与可持续发展。数字技术不仅提升了企业在资源效率和环境管理上的能力,还为实现企业的社会责任和可持续发展目标提供了新的发展方案。

7.4.1 大数据与环境监测

大数据是无法用常规数据处理工具有效处理的巨量、高速、多样化的数据集合。这些数据来自多个领域,如传感器、社交媒体、气象数据和企业运营数据等。大数据分析能够为决策者提供全面的环境数据,有助于决策者制定科学的政策和措施。例如,某城市通过部署空气质量监测传感器,实时采集 PM2.5、PM10、NOx 等污染物的数据。利用大数据分析,政府能够迅速识别空气污染源,实施针对性的减排措施。研究显示,实施这些措施后,城市空气质量显著改善,公众健康状况也随之提升。全球气候变化模型的构建需要大量的历史气候数据和实时气候数据。利用大数据技术,科学家能够对气候变化的趋势进行精准预测,从而为各国政府制定应对气候变化的政策提供数据支持。例如,《联合国气候变化框架公约》(UNFCCC)通过大数据分析帮助各国监测和评估温室气体排放情况,确保各国履行其国际义务。

尽管大数据技术在环境监测中展现了巨大潜力,但数据安全和隐私保护是面临的主要挑战。尤其在涉及个人信息的情况下,有效保护数据隐私将是未来发展的重要方向。未来,随着人工智能与大数据的结合,环境监测的智能化水平将进一步提高。通过机器学习算法,系统能够识别复杂的环境数据模式,实现更加精准的污染预测和预警。

7.4.2 人工智能在绿色创新中的应用

人工智能是模拟人类智能行为的计算机系统,核心功能包括数据处理、模式识别和自动决策。人工智能的引入能够显著提高绿色创新的效率,尤其是在数据分析和资源管理方面。某知名农业科技公司利用人工智能算法分析天气、土壤和作物生长的数据,为农民提供精准的种植建议。例如,通过预测降水量和气温变化,人工智能系统可以自动调整灌溉计划,确保水资源的有效利用。这一策略使农田灌溉效率提高了 30%,同时作物产量也增加了 20%。人工智能在智能电网中的应用日益普遍。通过分析用户的用电数据,人工智能系统可以预测电力需求,优化发电和供电过程。某电力公司通过引入人工智能算法,成功将电能损耗降低了 15%,为企业节省了大量成本,同时减少了碳排放。

尽管人工智能技术的应用前景十分广阔,但在实际推广中,企业仍面临数据获取和处理能力不足的挑战。同时,人工智能模型的透明性和可解释性也是需要重点关注的问题。随着技术的不断进步,未来人工智能将在绿色创新中扮演更为重要的角色,特别是在自动化管理和决策支持方面,将大幅提升企业的环境绩效。

7.4.3 区块链的透明度与可追溯性

区块链是一种去中心化的分布式账本技术，具有高透明度和不可篡改性。每一笔交易都被记录在多个节点上，这使任何人都无法单方面篡改数据，为绿色供应链管理提供了重要保障。通过在供应链的每个环节都使用区块链，企业可以确保原材料的来源可追溯。例如，某食品企业通过区块链记录所有供应商的信息及其环境认证，消费者可以扫描产品二维码进行溯源，提升了消费者对产品的信任度。在运输和生产过程中，企业通过区块链记录每一个环节的碳排放数据。这不仅帮助企业准确计算自身产品的碳足迹，还为政府监管和消费者购买决策提供了依据。

尽管区块链的应用前景十分广阔，但其实施成本和技术复杂性仍是企业推广的主要障碍。尤其在小型企业中，缺乏技术人才和资金支持，导致区块链难以广泛应用。

随着技术的进步和政策的支持，区块链将在更多领域实现应用，特别是农业、能源和物流等领域，为推动绿色经济的发展提供新的发展方案。

7.4.4 物联网在资源管理中的作用

物联网是一种通过互联网将物理设备连接起来，实现数据的自动收集和分析的技术。物联网可以实时监控资源的使用情况，帮助企业和社会实现高效的资源管理。某城市通过安装智能水表和传感器，实时监测水管网的用水情况。当系统检测到漏水时，能够立即发出警报并定位问题，减少了城市水资源的浪费。这一举措使城市水资源利用效率提高了25%。在建筑物中，物联网设备可以监测和管理能耗，通过智能调节供暖、制冷和照明系统，实现节能。例如，某大型商业综合体通过物联网实现智能照明管理，节省了30%的电能消耗。

物联网的普及面临着网络安全和数据隐私的挑战，企业需要建立强有力的安全防护措施来保护用户数据。随着5G等通信技术的不断发展，物联网的应用将更加广泛和深入，将为农业、能源、制造业等领域的资源管理效率带来更大提升。

数字技术在绿色创新中的应用不仅为企业提供了高效的资源管理工具，还为环境保护和可持续发展带来了新的机遇。大数据、人工智能、区块链和物联网等技术结合，能够更好地应对当前的环境挑战，并推动经济的绿色转型。通过对这些技术的深入研究，我们能够把握数字经济与绿色创新的交汇点，为未来的职业发展奠定坚实的基础。随着技术的不断进步和社会对可持续发展的重视，数字技术在绿色创新中的角色将愈发重要，为建设更加环保和可持续发展的社会提供强大驱动力。

7.5 绿色创新的挑战与机遇

绿色创新是在数字经济和可持续发展背景下，通过新技术和创新方法优化资源利用、降低环境负面影响的经济活动模式。随着全球应对气候变暖和资源短缺问题的紧迫性提升，绿色创新正成为各国政策制定和企业战略实施的核心。然而，绿色创新也面临技术、市场、政策等多方面的障碍，同时拥有国际合作和新兴市场的广阔机遇。以下是对绿色创新在数字经济环境下各个方面的深入分析。

7.5.1 技术与资金的障碍

1. 技术复杂性

绿色创新往往需要高水平的技术能力，如物联网、区块链、人工智能等，但这些技术的整合、维护和更新成本高昂，对企业的研发能力有较高要求。例如，在智能制造领域，绿色技术的实施需要重建生产流程，整合传感器、数据采集和实时监控系统，这对企业的技术储备和研发能力提出了很高的要求。

2. 技术研发周期长

许多绿色技术的研发周期较长，并伴随较大的不确定性。例如，可再生能源技术（太阳能电池和风能涡轮机）的优化和成本下降需要持续投入。根据全球某可再生能源研究机构的数据，风能发电的研发回报周期通常为10年以上，这远远超过了传统项目的回报周期。企业在进行绿色技术研发时需要投入大量资金，同时还要承受技术失败的风险。

3. 高资金需求

绿色技术创新的前期投资较大。无论是技术开发、设备购置，还是基础设施建设，均需要大量的资金投入。例如，新能源汽车产业的初期建设需要较大的资金来支持电池研发、充电站建设等环节，中小企业难以承受如此高的成本。

4. 风险投资不足

尽管绿色技术具有长期经济效益，但因其回报周期较长且市场存在不确定性，传统的风险投资机构往往持观望态度，这使对中小企业的支持力度不足。金融界普遍认为，绿色创新项目的风险较高，而市场对其回报的耐心有限，导致其资金较为短缺。

5. 绿色金融体系的发展滞后

近年来，虽然绿色金融（绿色债券、绿色信贷等）逐渐兴起，但整体规模不大，成熟度依然不高。一些绿色技术的融资需求得不到满足，部分原因在于金融体系对绿色项目的支持政策相对不完善，市场对于风险的评价体系也尚未建立。因此，许多绿色创新企业在资金方面依然面临障碍。

6. 税收政策的限制

在某些国家，绿色技术尚未得到完善的税收减免政策支持。这些国家在绿色创新企业的税收减免上有所欠缺，特别是对中小企业的税收支持政策较少，影响了它们对绿色创新的投资热情。

7.5.2 消费者接受度与市场适应性

1. 环保意识的提升与价格敏感性

尽管人们的环保意识逐渐增强，但在实际消费中价格依然是主要决定因素。绿色产品的生产和研发成本高于传统产品，市场定价通常较高。这一因素影响了绿色产品的市场渗透力。例如，部分消费者希望支持绿色产品，但当绿色产品价格较高时，仍然会选择便宜的传统产品。

2. 文化与观念差异

不同国家和地区的消费者对于绿色产品的接受度存在较大差异。例如，欧洲的消费者更愿意为环保付费，而在某些新兴市场，消费者可能更注重价格因素。企业在推广绿色产品时需要因地制宜地调整策略，以适应当地市场的变化。

3. 绿色产品推广的成本与难度

绿色产品的推广需要大量的市场宣传和教育，提升消费者对绿色产品的认知。例如，电动车的普及需要满足消费者对其续航里程、充电便利性等方面的要求。这种推广过程需要时间和资金，许多企业在初期就难以承受高昂的市场推广成本。

4. 市场接受度的试错与适应

企业在推广绿色技术时，需要不断根据市场接受度进行调整。这一过程中的试错成本往往较高。例如，一些企业尝试推出环保包装的产品，但由于消费者不买账，推广失败。这种市场适应性挑战影响了企业对绿色创新的积极性。

5. 品牌信任与绿色形象建设

消费者对绿色品牌的信任度会影响其购买决策。例如，特斯拉等品牌在绿色创新方面的领先地位已成为其品牌竞争力的一部分。但对许多中小企业而言，建立绿色品牌形象需要投入大量资金，且见效较慢，这给中小企业的市场推广带来了挑战。

7.5.3 政策支持与国际合作

1. 政策激励的重要性

政策激励（补贴、税收优惠、绿色认证等）在推动绿色创新中扮演重要角色。例如，欧盟通过"绿色新政"加大了对环保科技的投资，以促进绿色转型。政策激励不仅降低了企业进入绿色创新领域的成本，还为其提供了竞争优势。然而，部分国家的政策支持不够稳定，企业在绿色创新方面的投资受到影响。

2. 跨国政策差异

由于各国的环境法规和政策存在差异，跨国企业在推广绿色技术时可能面临不同的法规要求。例如，一些发达国家在绿色环保方面的标准较高，而部分新兴市场国家的监管相对宽松，这为绿色创新带来了政策协调上的挑战。

3. 技术共享与合作研发

在应对全球环境问题时，各国需要共同努力。例如，许多发达国家在绿色技术方面领先，而新兴市场国家则拥有巨大的市场需求。发达国家与新兴市场国家之间的合作（技术共享、资金援助等）有助于实现全球环境治理的目标。

4. 碳交易与国际标准

碳交易是实现全球碳减排目标的重要手段。为了确保碳交易的透明性和有效性，各国需要在碳交易市场的监管和标准方面进行协调。例如，欧洲国家和中国已在碳排放交易方面取得了进展，但全球碳市场的建立还需要更多国家参与，这样才能实现碳信用体系的国际化。

7.5.4 新兴市场的潜力

1. 绿色创新在新兴市场的需求增长

新兴市场国家的工业化进程带来了严重的环境问题，绿色技术的需求正在增长。例如，中国和印度在新能源领域投入大量资源，以缓解工业化带来的环境压力。此外，绿色创新在新兴市场的需求与日俱增，全球绿色技术企业可以将其视为重要的增长点。

2. 增长潜力的行业差异

不同新兴市场国家在绿色创新领域的需求存在差异。例如，印度在水资源管理方面需求较大，而巴西在生态农业方面具有较大的增长潜力。绿色创新企业可以根据不同国家的需求特点，因地制宜地拓展其业务。

3. 新兴市场的低成本优势

新兴市场国家的低人力成本和丰富的自然资源为绿色创新提供了良好条件。例如，中国作为全球主要的太阳能电池生产国，为了降低生产成本，推动太阳能电池普及。许多新兴市场国家的低成本优势使绿色技术的实施成本相对较低，具有竞争力。

4. 本土化需求的多样性

新兴市场国家的消费者需求和政策环境不同于其他国家。例如，中国的消费者对空气污染治理有较高需求，而印度的消费者更关注水资源管理。绿色创新企业在拓展新兴市场时，需要因地制宜地调整其产品设计、市场推广方式，以提高适应性和接受度。

5. 风险与挑战

尽管新兴市场充满机遇，但也伴随许多风险，如政治环境不稳定、法律体系不完善等。企业需要在进入新兴市场前进行详细的风险评估和策略调整。

7.6 绿色创新的应用领域

绿色创新不仅涉及经济增长与环境保护的平衡，还推动了跨行业、跨领域的合作。当前数字技术加速发展，绿色创新通过数据驱动、自动化、智能化技术的支持正在发生深刻的变化。本节从数字创新的角度探讨绿色创新的核心领域，深入分析这些技术如何引领绿色转型并实现经济和生态的双重效益。

7.6.1 数字能源与绿色创新

数字技术在能源领域的应用,不仅促进了清洁能源的开发与利用,还通过智能化管理和数据分析提高了能源的利用效率与可持续性。

1. 数据驱动的智能电网

智能电网基于数据采集、传输与分析的系统化管理,对电力生产、传输、消费过程中的各项指标进行实时监控和优化。在这个过程中,物联网与云计算发挥着重要作用。例如,通过实时的数据分析,智能电网可以更精确地预测用户需求,避免能源浪费。

2. 数字孪生在能源优化中的应用

数字孪生的应用使能源系统的优化更加细致与全面。数字孪生通过建立电网、发电站和消费终端的数字孪生模型,可以模拟不同能源需求场景下的运行状态,从而优化能源分配和利用。例如,在风能与太阳能不稳定的情况下,数字孪生可以帮助预测并调配备选能源,最大化地提高可再生能源的利用效率。

3. 区块链在碳交易与能源共享中的应用

区块链在碳交易市场和分布式能源系统中展现了极大的潜力。利用区块链的去中心化特点,碳排放的计算和交易更加透明与高效。例如,用户可以将多余的太阳能或风能通过区块链平台共享或出售,实现能源的有效流通与利用。

7.6.2 数字化制造与循环经济

制造业的绿色创新通过数字化和智能化手段提高资源利用效率、减少污染物排放,并推动可持续的循环经济模式。

1. 物联网与工业互联网在绿色制造中的应用

物联网和工业互联网的引入实现了生产过程中各类资源的实时监控和优化。通过传感器和自动化系统,制造业可以更有效地监测能源消耗、废弃物产生等指标,从而在保证生产质量的前提下减少资源浪费。例如,钢铁制造行业通过物联网技术对高炉的温度和压力进行监控,可以减少燃料使用和污染物排放。

2. 3D 打印与按需生产的绿色潜力

3D 打印的快速发展使制造业可以实现按需生产,从而减少多余库存和原材料浪费。例如,航空制造业中利用 3D 打印生产复杂的零部件,可以减少原材料的浪费,提高生产效率。此外,3D 打印还支持零部件的再制造和回收利用,有助于循环经济的建设。

3. 数字化平台促进供应链透明化与绿色合规

数字化平台不仅促进了供应链的透明化,还帮助制造企业遵循绿色生产标准进行生产。在供应链中,利用区块链可以对供应链上的各环节进行溯源与管理,确保供应链的每个环节都符合环保要求。例如,一家电子产品企业可以通过区块链记录每一批原材料的来源、加工和运输过程，以确保其符合绿色供应链的标准。

7.6.3 智慧农业与食品可持续性

在农业与食品领域，数字创新正在促进精准化种植、资源节约和农业废弃物的再利用，从而推动农业绿色转型。

1. 大数据与人工智能在精准农业中的应用

通过大数据和人工智能的支持，精准农业得以实现。农民可以通过卫星遥感数据、气象数据等实时监控土壤状况、作物健康状况等信息，对作物进行针对性管理。例如，基于人工智能的病虫害预测系统可以在早期发现并控制病虫害的暴发，减少农药的使用，保护生态环境。

2. 区块链在食品供应链中的溯源与安全保障

区块链可以实现食品供应链的全程溯源，确保食品从生产到销售的每个环节都符合绿色和可持续的标准。例如，在生鲜食品的供应链中，利用区块链可以记录每一步骤的温度、运输时间等数据，确保食品的质量和安全。

3. 农业废弃物再利用与生物质能开发

农业生产过程中的废弃物（秸秆、果壳等）可以通过数字技术进一步开发利用，如转化为生物质能。通过数据分析与资源整合，企业可以制定优化方案，最大化地利用废弃物。例如，在一些农村地区，数字化平台通过整合资源，将农业废弃物进行收集并转化为生物质能，这样不仅减少了污染，还带来了额外的经济收益。

7.6.4 智慧建筑与绿色城市发展

智慧建筑和绿色城市的发展是绿色创新的核心组成部分，特别是在数字经济的加持下，这些领域通过智能技术得以快速发展。

1. 物联网在智慧建筑中的节能应用

物联网在智慧建筑中得到广泛应用，特别是智能供暖、照明与通风系统的实现，使得建筑物的能耗大大降低。例如，通过物联网，企业可以根据建筑物的实际需求自动调节照明和温度，降低能源消耗。同时，智能水资源管理系统也可以精确控制用水量，减少浪费。

2. 数字孪生支持的绿色城市规划

数字孪生使城市规划可以更全面地考虑环境因素，从而在城市设计中提前规避高耗能或高污染的布局。例如，在一个城市的数字孪生平台中，规划者可以模拟交通流量、能源需求等因素，优化交通路线与建筑布局，减少城市碳排放。

3. 区块链与绿色交通支付系统

区块链在绿色交通中起到了推动作用，特别是在智能支付和共享出行方面。例如，通过区块链平台，市民可以使用积分系统兑换公共交通出行券，减少私家车使用率。此外，区块链可以将用户的绿色出行转化为数字资产，用于换取奖励，从而鼓励环保出行。

7.6.5 废弃物管理与数字化回收

废弃物管理是绿色创新中不可忽视的环节，数字技术的介入让废弃物的分类、回收和再利用更为高效和智能。

1. 人工智能和大数据支持的垃圾分类与资源回收

人工智能和大数据可以优化垃圾分类流程，通过图像识别技术实现垃圾自动分类。例如，智能垃圾桶能够通过识别技术分拣不同类型的垃圾，从而提升回收效率。此外，大数据分析还可以帮助制定废弃物处理策略，以实现资源的最大化利用。

2. 区块链推动废弃物回收产业链透明化

区块链技术的溯源功能可以提高废弃物回收产业链的透明度。例如，在电子废弃物回收中，区块链能够追踪电子产品的整个生命周期，从生产、回收到再利用的过程都可以记录在区块链中，从而确保回收过程中的绿色环保性。

3. 数字化平台支持的循环经济模式

通过数字化平台，企业和用户可以更便捷地参与循环经济。例如，许多电商平台已经推出旧物回收与翻新项目，用户可以将旧物送回平台进行重新加工。通过这种方式，废弃物的再利用率得到了提升，资源浪费得以减少。

数字创新推动了绿色创新的发展，不仅在技术层面上实现了资源的高效利用，还在实际操作中增强了社会各界的环保意识。未来，随着人工智能、区块链和物联网等技术的不断成熟，绿色创新的应用前景将更加广阔。

案例：绿色物流企业的绿色创新之路——数字化转型的探索与挑战

一、背景与问题

1. 企业概况

本案例讨论一家大型物流企业，其成立于 10 年前，主要从事国内外货物运输和仓储服务。随着环保法规的日益严格及全球可持续发展要求的提高，企业面临向环境友好型社会运营转型的巨大压力。企业原有的业务流程基于传统模式，能耗高、效率低和资源浪费严重，尤其在运输环节上，大量的化石燃料消耗和碳排放使企业难以实现绿色物流的目标。随着社会和政策对企业环境影响的关注度不断增加，企业必须实施绿色创新政策，优化其运营模式以符合未来发展趋势。

2. 遇到的具体问题

能耗高，碳排放量大：企业运输车辆主要使用传统燃油车，导致运营过程中的能耗高、碳排放量大，影响了企业的环境绩效。

资源管理效率低：在物流过程中，缺乏智能化仓储管理，导致物料积压、运输路线规划不合理、能源浪费和车辆空驶率较高。

客户对绿色服务的需求日益增强：随着消费者环保意识的提升，越来越多的客户希望选择具有环保理念的物流服务商，但企业并未实施相关绿色改造和绿色物流服务，客户流失风险加大。

二、绿色创新的初步尝试

企业意识到若不改变现有的运作模式，将面临市场份额逐渐缩小的问题，因此开始尝试实施绿色创新措施。最初，企业尝试采用以下措施。

改用新能源车辆：为了减少碳排放，企业采购了一批电动货车，并计划逐步替换掉老旧的燃油车。

绿色仓储系统：投入资金建设新的绿色仓储设施，包括使用太阳能板进行部分能源供给，进行仓储环境的能源管理。

尽管企业采取了以上措施，但由于缺乏整体的系统规划和精准的数据支持，这些单一的绿色创新措施并没有带来显著的成效。具体原因如下。

电动货车的运营问题：新采购的电动货车在运输过程中由于充电设施不完善，停运时间较长，并且电池续航能力不足，无法覆盖较长距离的运输任务，运行效率低。

绿色仓储系统的局限性：太阳能板的使用虽然能在一定程度上减少电力消耗，但由于绿色仓储系统安装面积有限，不能完全满足仓库的能耗需求，且其他绿色建筑措施（隔热设计、智能化温控系统等）也未能全面落实，未能实现预期的节能减排目标。

整体缺乏数字技术支持：企业在绿色创新实施的过程中，缺乏数字技术的支持，未能利用数据分析和智能化工具进行能源优化、运输路线规划等，使绿色创新的效果大打折扣。

三、采用数字创新实现绿色创新

经过前期尝试未取得显著成果，企业开始认识到单纯依靠硬件改造和低效的人工管理，难以实现真正的绿色转型。因此，企业决定通过数字创新来推动绿色创新措施的深化，并加强绿色管理和绿色服务的智能化转型。

数字创新的实施方案如下。

1. 智能物流平台的建设

企业引入了基于大数据和人工智能的智能物流平台（简称"平台"），通过平台进行运输路线的智能规划。平台可以实时分析天气、交通、道路情况等多种因素，为每辆运输车辆规划最优路线，避免空驶和无效运输。此外，通过平台整合的车辆数据，企业能够实时监控每辆车的燃料消耗情况和碳排放数据，从而优化车辆的能源使用状况和碳排放水平。

2. 物联网与传感器技术的应用

在运输车辆和仓储设备中，企业部署了物联网技术，实时采集和传输数据。例如，通过在电动货车上安装智能传感器，监控电池电量和车辆的运行状态，避免电池电量不足或充电延迟导致的运输延误。此外，企业在仓库中安装了温湿度传感器，通过数据反馈来优化仓库的能源管理，实现智能温控、灯光调节等绿色管理功能。

3. 数字化能源管理系统

通过引入先进的数字化能源管理系统，企业能够实时监测各个环节的能源消耗情况，包括仓储、运输等。系统能够生成详细的能源消耗报告，帮助企业分析哪些环节能源浪费严重，进而优化能源使用状况。数字化能源管理系统还支持自动化控制，能够根据实时数据调整能源使用策略，从而大幅降低能耗。

4. 客户绿色服务数字化

企业通过平台向客户提供绿色物流服务选项，如低碳配送路线、使用电动货车的运输服务等。此外，平台提供透明的绿色物流认证系统，客户可以通过平台查看物流服务的碳排放数据，增强其对绿色物流服务的信任。

四、创新实现的效果

通过实施数字创新措施，企业的绿色创新取得了显著的效果，具体表现在以下几个方面。

1. 能源消耗显著降低

平台通过实时分析数据和优化路线，大幅减少了运输车辆空驶和无效运输的情况，使运输过程中车辆的能源消耗得到了有效控制。物联网的应用使得电动货车的续航得到了优化，减少了充电问题带来的运输中断。整体而言，企业运输环节的能源消耗降低了约20%。

2. 碳排放量大幅减少

企业通过智能化管理和改进绿色仓储设施，碳排放量减少了15%，尤其是在车辆管理和运输路线优化方面，减少了不必要的能源浪费，进一步减少了碳足迹。

3. 客户满意度提升

通过提供数字化的绿色物流服务选项和绿色物流认证，客户对企业的绿色创新措施表现出高度认可。特别是在消费者对环保要求日益提高的背景下，企业的绿色物流服务吸引了大量关注环保的客户，市场份额逐渐扩大。

4. 成本效益提升

绿色创新不仅带来了环保效益，还通过优化资源利用降低了运营成本。数字化能源管理系统和平台优化了仓储与运输效率，减少了能源浪费和运营成本，使企业能够在提高环保绩效的同时，保持良好的财务表现。

通过数字创新措施的实施，传统物流企业成功实现了绿色创新的转型。数字技术不仅优化了运输和仓储管理，提高了能源使用效率，还通过智能化的绿色物流服务提升了客户的体验和企业的市场竞争力。这一案例表明，数字化手段是实现绿色创新的关键，它不仅能帮助企业在环保方面取得突破，还能增强企业的长期竞争力，推动可持续发展目标的实现。

参考文献

[1] JIANG Z, LYU P, YE L, et al. Green Innovation Transformation, Economic Sustainability and Energy Consumption During China's New Normal Stage[J].Journal of Cleaner Production, 2020, 273: 123044.

[2] PORTER M E, LINDER C V D. Green and Competitive: Ending the Stalemate [J].Harvard Business Review, 1999, 26(8): 128-129.

[3] HA N M, NGUYEN P A, LUAN N V, et al. Impact of Green Innovation on Environmental Performance and Financial Performance[J].Environment, Development and Sustainability, 2024, 26(7): 17083-17104.

[4] NI L, AHMAD S F, ALSHAMMARI T O, et al. The Role of Environmental Regulation and Green Human Capital Towards Sustainable Development: The Mediating Role of Green Innovation and Industry Upgradation[J].Journal of Cleaner Production, 2023, 421: 138497.

[5] BOCKEN N M P, SHORT S W, RANA P, et al. A Literature and Practice Review to Develop Sustainable Business Model Archetypes[J].Journal of Cleaner Production, 2014, 65: 42-56.

[6] LU J, RONG D, EWEJE G, et al. Effective Environmental Strategy or Illusory Tactics? Corporate Greenwashing and Innovation Willingness[J].Business Strategy and the Environment, 2025, 34(1): 1338-1356.

[7] TANG M, WALSH G, LERNER D, et al. Green Innovation, Managerial Concern and Firm Performance: An Empirical Study[J].Business Strategy and the Environment, 2018, 27(1): 39-51.

[8] WAHNER M. Empirical Influence of Environmental Management on Innovation: Evidence from Europe[J].Ecological Economics, 2008, 66(2-3): 392-402.

[9] QIU L, HU D, WANG Y. How Do Firms Achieve Sustainability Through Green Innovation Under External Pressures of Environmental Regulation and Market Turbulence?[J].Business Strategy and the Environment, 2020, 29(6): 2695-2714.

第8章

女性参与数字创新

随着现代数字技术的迅猛发展,人类社会正经历着一场前所未有的变革。这场变革极大地提升了生产效率,推动了社会经济的全面发展。更重要的是,它为人类,尤其是女性,提供了前所未有的参与社会分工和创新的机遇。女性以其独特的视角、细腻的感知和卓越的沟通能力,在数字创新的过程中发挥着越来越重要的作用。然而,尽管女性参与数字创新的潜力巨大,但在实际操作中,她们仍面临诸多挑战。本章将从数字技术便利女性参与社会分工、女性对于数字技术的善用、女性在数字创新中的角色、女性参与数字创新面临的挑战,以及如何推动女性参与数字创新等多个方面,深入探讨女性参与数字创新的现状、机遇与挑战。

8.1 数字技术便利女性参与社会分工

随着数字技术的不断进步,越来越多的女性开始利用数字技术工具参与社会分工,不仅在传统行业中发挥了重要作用,还在新兴数字领域展现了非凡的才华。

1. 远程工作与灵活就业

数字技术的发展为女性提供了更多的远程工作和灵活就业的机会。通过互联网和移动通信技术,女性可以在家中或其他远离传统工作场所的地方完成工作任务,这极大地减少了通勤时间和成本,使她们能够更灵活地安排工作和生活。这种工作模式的变革,不仅提高了女性的工作效率,还使她们能够更好地平衡事业与家庭的关系,从而有更多的时间和精力投入到数字创新中。

2. 数字平台与创业机会

数字平台为女性提供了前所未有的创业机会。通过电商平台、社交媒体、在线支付等数字技术工具,女性可以轻松开展自己的业务,将产品推向全球市场。这种低门槛、高效率的创业模式,使女性能够更轻松地实现自己的创业梦想,也为数字创新领域注入了新的活力。

3. 数字教育与技能提升

数字技术的发展推动了在线教育的普及,为女性提供了更多的学习和提升技能的机会。通过在线课程、网络研讨会等数字教育形式的推广，女性可以随时随地学习新知识、新技能，提高她们的竞争力。这种学习方式的变革，不仅使女性能够更轻松地获取教育资源，还使她们能够更快地适应数字创新的需求。

8.2 女性对于数字技术的善用

女性在数字创新中的独特优势，不仅体现在她们对数字技术的熟练掌握上，更体现在她们对数字技术的善用和创新上。

1. 细腻感知与用户需求洞察

女性通常具有更加细腻的感知能力，能够更敏锐地洞察用户的需求和痛点。在数字创新的过程中，这种细腻感知能力使女性能够更准确地把握市场趋势和用户需求，从而开发出更加符合用户需求的产品。

2. 卓越沟通与团队协作

女性通常具有卓越的沟通能力和团队协作能力。在数字创新的过程中，这些能力使女性能够更有效地与团队成员、合作伙伴和用户进行沟通与协作，推动项目的顺利进行。同时，女性还善于倾听他人的意见和建议，能够更全面地考虑问题，为团队带来更多的创新灵感。

3. 创新思维与跨界融合

女性通常具有更加开放和创新的思维方式，善于从不同领域汲取灵感，将不同领域的知识和技术进行跨界融合。在数字创新的过程中，这种创新思维使女性能够打破传统思维的束缚，开发出具有颠覆性和创新性的产品。

8.3 女性在数字创新中的角色

女性在数字创新的过程中扮演着多重角色，不仅为数字创新领域注入了新的活力，还推动了数字创新的深入发展。

1. 创新者

女性在数字创新的过程中扮演着创新者的角色。她们善于从用户需求出发，结合最新的数字技术，开发出具有创新性和实用性的产品。这些产品不仅满足了用户的实际需求，还推动了数字创新领域的不断发展和壮大。

2. 领导者

女性在数字创新的过程中扮演着领导者的角色。她们凭借卓越的领导能力和团队协作能力，带领团队不断攻克技术难关，推动项目顺利进行。同时，女性还善于激发团队成员的创新潜力，推动团队成员不断追求卓越和创新。

3. 教育者与传播者

女性在数字创新的过程中扮演着教育者与传播者的角色。她们通过在线教育、社交媒体等数字平台，将数字创新的知识和技能传授给更多的人，推动数字创新的普及和发展。同时，女性还善于分享自己的创新经验和成功案例，激励更多的人参与到数字创新中。

8.4　女性参与数字创新面临的挑战

尽管女性在数字创新的过程中发挥着越来越重要的作用，但在实际操作中，她们仍面临诸多挑战。

1. 性别偏见与歧视

性别偏见与歧视是女性参与数字创新面临的最大挑战之一。在一些传统观念中，女性被认为不适合从事技术工作，这种偏见和歧视不仅限制了女性的职业发展，还阻碍了她们在数字创新的过程中做出贡献。

2. 缺乏职业晋升机会

尽管女性在数字创新的过程中取得了显著的成就，但在职业晋升方面，她们仍然面临诸多困难。一些企业和组织在晋升时更倾向于男性，这导致女性在职业发展中难以获得与男性同等的晋升机会和待遇。

3. 技术壁垒与知识更新

数字创新领域的技术更新速度非常快，女性要想在这个领域保持竞争力，需要不断学习和更新自己的知识体系。然而，由于一些女性缺乏足够的技术背景和知识储备，她们在面对新技术时可能会感到力不从心，从而限制了她们在数字创新过程中的发挥和贡献。

4. 家庭与事业的平衡

女性在家庭和事业之间往往需要做出更多的平衡与取舍。在数字创新领域，女性需要投入大量的时间和精力用于学习与工作，这可能会给她们的家庭生活带来一定的压力和影响。如何在家庭和事业之间找到平衡点，是女性参与数字创新面临的重要挑战之一。

8.5　如何推动女性参与数字创新

为了推动女性更好地参与数字创新，我们需要从多个方面入手，为女性提供更多的支持和帮助。

1. 加强性别平等教育

加强性别平等教育是推动女性参与数字创新的重要前提。我们需要通过教育引导人们摒弃传统的性别观念，树立性别平等的意识，为女性提供更多的发展机会和平等的竞争环境。

2. 提供职业晋升机会

企业应该为女性提供更多的职业晋升机会,打破性别壁垒,让女性能够在数字创新领域获得更好的发展。同时,企业还应该建立完善的职业晋升机制和评价体系,确保女性能够获得公正、平等的晋升机会。

3. 加强技术培训和知识更新

为了帮助女性更好地适应数字创新领域的技术更新和变化,我们需要对女性进行技术培训和知识更新。举办培训课程、研讨会等活动,能够为女性提供更多的学习机会和资源,帮助她们不断提升自己的技术水平和竞争力。

4. 建立女性创新联盟

建立女性创新联盟是推动女性参与数字创新的有效途径之一。建立女性创新联盟,可以为女性提供一个交流、学习和合作的平台,促进女性之间的信息共享和资源整合,共同推动数字创新领域的发展。

5. 鼓励女性参与开源项目

开源项目是推动数字创新的重要力量之一。我们应该鼓励女性积极参与开源项目,通过参与项目开发、贡献代码等方式,提升女性的技术水平和创新能力。同时,女性还可以通过开源项目结识更多的同行和合作伙伴,拓展自己的职业发展空间。

6. 加强家庭支持

家庭是女性参与数字创新的重要后盾。我们应该加强家庭对女性的支持和理解,帮助她们平衡好事业和家庭的关系。家庭成员之间通过沟通和协作,共同分担家庭责任和义务,让女性有更多的时间和精力投入到数字创新中。

女性参与数字创新是推动数字创新发展的重要力量之一。通过加强性别平等教育、提供职业晋升机会、加强技术培训和知识更新、建立女性创新联盟、鼓励女性参与开源项目,以及加强家庭支持等措施,我们可以为女性提供更多的支持和帮助,推动她们在数字创新领域发挥更大的作用。未来,随着数字技术的不断发展和创新,我们相信女性将在数字创新中展现出更加卓越的才华,并做出更大的贡献。

案例:冷静女士和"爱库存"的创立

在数字创新的大潮中,冷静女士,一位兼具战略眼光与坚韧毅力的女性创业者,凭借对电商行业的深刻理解和对市场需求的敏锐洞察,创立了爱库存这一独特的众包分销平台,不仅为品牌方解决了库存资源的难题,还为广大代购者提供了一个施展才华的舞台,更在数字创新领域展现了女性的卓越贡献和非凡价值。

一、创业初心与市场洞察

冷静女士在电商行业摸爬滚打多年,深知品牌方在处理库存资源时的痛点和困扰。传统渠道,如电商平台、线下卖场的售卖方式都存在诸多局限,不仅效率低,还可能对品牌形象造成负面影响。她观察到一批代购者通过社交媒体平台分销商品,具有强大的带货能力,但同样面临货源不稳定、效率低等问题。正是这些局限和问题,激发了冷静女士创立爱库存。

二、爱库存的创立与发展

2017年,冷静女士与丈夫王敏共同创立了爱库存平台,旨在通过数字化手段,将品牌方的库存资源与代购群体高效连接起来。平台不仅提供了丰富的正品低价商品,还通过智能化的管理系统,简化了代购者的工作流程,提高了其工作效率。短短半年时间内,耐克、迪士尼、大嘴猴等1000多个知名品牌入驻爱库存,平台的GMV(gross merchandies volume,商品交易总额)数据实现了惊人的增长。

三、女性在数字创新中的独特贡献

冷静女士在爱库存的创立和发展过程中,充分展现了女性在数字创新领域的独特贡献和价值。她不仅具备敏锐的市场洞察力,能够准确把握市场需求和趋势,还擅长通过人性化的管理手段,激发团队成员的积极性和创造力。在爱库存平台上,代购群体以女性为主,她们通过社交媒体平台与消费者建立紧密的联系,不仅实现了商品的快速分销,还通过个性化的服务优化了消费者的购物体验。

四、爱库存的社会意义与影响

爱库存的成功不仅为品牌方和代购群体带来了实实在在的利益,更在数字创新领域树立了新的标杆。它打破了传统电商模式的局限,通过数字化手段实现了库存资源的优化配置和高效利用。同时,爱库存也为广大女性提供了创业和就业的机会,推动了社会经济的多元化发展。

更重要的是,冷静女士和爱库存的故事激励着更多女性参与数字创新。她们用实际行动证明了女性在科技领域同样可以取得卓越的成就。爱库存的成功不仅是一个商业案例的成功,更是一个关于女性力量、数字创新和社会进步的生动故事。

五、未来展望

对于未来,冷静女士表示将继续深耕数字创新领域,推动爱库存平台的持续优化和升级。她希望能够通过更加智能化的技术手段,进一步提升平台的运营效率和服务质量,为品牌方和代购群体创造更大的价值。同时,她希望通过爱库存平台,培养更多具有创新精神和实践能力的女性人才,为数字创新领域注入更多的女性智慧和力量。

　　冷静女士与爱库存的故事，是女性在数字创新领域谱写的璀璨篇章的一个缩影。冷静女士用自己的实际行动证明了女性在科技领域同样可以展现非凡的创造力和领导力。我们相信，在未来的数字创新领域，将会有更多像冷静女士这样的女性创业者涌现，共同推动科技的进步和社会的发展。

参考文献

[1] 刘旸. 女性数字赋能——新媒体运营与管理[M]. 北京：中国妇女出版社，2024.

[2] WALTER I.The Innovators[M].New York：Simon & Schuster，2014.

[3] 杨小玲，郭靖伟. 助力妇女在数字领域创新创业[N]. 陕西日报，2024-12-03(7).

[4] 朱唐. 数字包容：创新和技术推动性别平等[N]. 社会科学报，2023-03-30(1).

[5] 向科衡. 女性数字创新创业职业歧视形成的影响因素与应对策略研究[J]. 中国商论，2021，(24)：143-145.

[6] 庞惠元，何月飞. 数字经济背景下的"她经济"及商业模式创新[J]. 商展经济，2021，(15)：90-92.

[7] SUSENO Y，ABBOTT L. Women Entrepreneurs' Digital Social Innovation：Linking Gender,Entrepreneurship,Social Innovation and Information Systems[J].Information Systems Journal，2021，31(5)：717-744.

[8] WEBER-LEWERENZ B，VASILIU-FETTES I. Empowering Digital Innovation by Diverse Leadership in ICT-A Roadmap to a Better Value System in Computer Algorithms[J]. Humanistic Management Journal，2022，7(1)：117-134.

第9章

数字创新的未来展望

随着信息技术的飞速发展,数字创新已成为推动全球经济增长和社会进步的重要力量。数字技术的不断突破,正引领着新一轮的产业变革和社会转型。本章将深入探讨数字创新的未来发展趋势,包括数字技术前沿趋势,以及数字创新的新机遇。

9.1 数字技术前沿趋势

1. 高性能计算的"四算聚变"

高性能计算(high performance computing, HPC)在科研、工业、医疗等领域发挥着越来越重要的作用。未来,高性能计算将呈现"四算聚变"的趋势,即高性能计算集群、量子计算、云计算和边缘计算的深度融合。这种融合将衍生出全新的技术路径,推动计算能力的提升和计算成本的降低。

高性能计算集群:高性能计算集群通过优化集群架构和算法,提高计算效率,满足大规模数据处理的需求。

量子计算:量子计算利用量子比特的叠加和纠缠特性,能够在短时间内解决传统计算机无法处理的复杂问题。随着量子计算机硬件和软件的不断升级,量子计算有望在材料科学、药物研发等领域取得突破性进展。

云计算:云计算通过提供按需的、可扩展的计算资源,降低了企业的信息技术成本,提高了业务灵活性。未来,云计算将更加注重业务的安全性和隐私保护,同时,云计算将释放高性能计算的潜能,推动科学计算模拟应用的大量增加。

边缘计算:边缘计算通过在网络边缘部署计算资源,提高了数据处理的速度和效率。未来,边缘计算将与云计算互补,共同促进物联网、自动驾驶等应用的发展。

2. Web3.0:去中心化的互联网

Web3.0被用来描述互联网潜在的下一阶段,是一个运行在区块链技术之上的"去中心化"互联网。它具有资产上链及可编程、可组合的特点,为用户提供了更加安全、透明和可信的互联网环境。

通用去中心化身份(Decentralized Identity, DID):DID将成为Web3.0的底座,为用户提供唯一的、可验证的数字身份。这将有助于解决当前互联网中身份认证和隐私保护的问题。

以太坊扩容：以太坊作为 Web3.0 的重要公链之一，其扩容将带来大规模应用迁移的机会。未来，以太坊将不断探索新的扩容技术，提高交易速度和吞吐量。

零知识证明：零知识证明是一种先进的密码学技术，能够在不泄露数据内容的前提下验证数据的真实性。未来，零知识证明将解决区块链性能瓶颈和隐私保护问题，推动 Web3.0 的广泛应用。

3. 6G 技术：万物智联的新时代

6G 技术作为下一代移动通信技术，将突破传统移动通信的范畴，实现通信技术、计算技术、数据技术、控制技术集成创新。6G 技术将呈现更高性能、更强智能、更绿色低碳、更广覆盖、更加安全的主要特征。

更高性能：6G 技术的通信能力将达到 5G 技术通信能力的 10 倍以上，为用户提供更加快速、稳定的网络连接。

更强智能：6G 技术将结合人工智能、物联网等技术，实现万物智联的美好愿景。未来，6G 技术将推动智慧城市、智能家居等应用的发展。

更绿色低碳：6G 技术将采用更加节能的通信技术和设备，降低能源消耗和碳排放。

更广覆盖：6G 技术将实现全球范围内的广泛覆盖，包括偏远地区和海洋等难以覆盖的区域。

更加安全：6G 技术将加强网络安全和数据保护能力，为用户提供更加安全可靠的通信环境。

4. 人工智能与机器人技术的融合

人工智能与机器人技术的融合将推动人形机器人的"手、脑"进化。未来，人形机器人将具备更加智能、灵活和自主的能力，成为人类生活和工作的得力助手。

多模态智能体：多模态智能体能够解析世界的本来面貌，并实现"三生万物"。未来，多模态智能体将加速人工智能通用智能（artificial general intelligence, AGI）的发展进程，推动人工智能在各个领域的应用和发展。

大模型在文本、自然语言和视觉领域的突破：大模型在文本、自然语言和视觉领域取得重要突破，将提升机器人的理解能力。未来，人形机器人能够更好地理解人类的语言和意图，实现更加自然、流畅的交互。

云边结合的分布式算力平台：云边结合的分布式算力平台将强化训练速率和数据质量，降低人形机器人的产业化门槛。未来，人形机器人将更加智能化、自主化，能够在各种复杂环境中完成各种任务。

5. 数字交互引擎与 AIGC

数字交互引擎与 AIGC（artificial intelligence generated content，人工智能生成内容）的互相驱动将打造构建超级数字场景的高效工具集。未来，数字交互引擎将推动各行业数字孪生走向实时性道路，为数字经济的发展提供有力支撑。

数字交互引擎：数字交互引擎能够模拟和仿真各种物理现象与过程，为用户提供更加真实、沉浸的数字体验。未来，数字交互引擎将在教育、医疗、娱乐等领域发挥重要作用。

AIGC：AIGC利用人工智能技术生成各种内容，如文本、图像、音频等。未来，AIGC将结合数字交互引擎，为用户提供更加丰富、多样的数字内容和服务。

9.2 数字创新的新机遇

1. 数字经济与实体经济的深度融合

随着数字技术的不断发展，数字经济与实体经济的深度融合将成为未来经济发展的重要趋势。数字技术将渗透各个行业和领域，推动传统产业的转型升级和新兴产业的快速发展。

制造业数字化转型：制造业是实体经济的重要组成部分。未来，数字技术将推动制造业向智能化、网络化、服务化方向发展，提高制造业的生产效率和质量。

服务业数字化升级：服务业是数字经济的重要领域之一。未来，数字技术将推动服务业向数字化、智能化、个性化方向发展，提高服务业的服务质量和效率。

农业数字化转型：农业是国民经济的基础。未来，数字技术将推动农业向智能化、精准化、绿色化方向发展，提高农业的生产效率和可持续发展能力。

2. 智慧城市与智能交通的发展

智慧城市与智能交通是未来城市发展的重要方向。数字技术将推动城市管理和交通系统的智能化升级，提高城市的运行效率和居民的生活质量。

智慧城市：智慧城市通过数字技术实现城市管理的智能化和精细化。未来，智慧城市将推动城市基础设施的智能化升级，提高城市的运行效率和居民的生活质量。同时，智慧城市还将促进城市治理模式创新和发展。

智能交通：智能交通运用数字技术实现交通系统的智能化和高效化。未来，智能交通将推动交通系统智能化升级，提高交通运行效率和安全性。同时，智能交通还将推动新能源汽车、自动驾驶等新技术和新模式的发展与应用。

3. 数字健康与医疗的变革

数字健康与医疗是未来医疗健康领域的重要发展方向。数字技术将推动医疗健康服务的智能化和个性化发展，提高医疗服务的效率和质量。

远程医疗服务：远程医疗服务利用数字技术实现医疗服务的远程化和智能化发展。未来，远程医疗服务将推动医疗资源的优化配置和共享利用，提高医疗服务的可及性和便利性。

智能医疗设备和系统：智能医疗设备和系统利用数字技术实现医疗设备的智能化和自动化发展。未来，智能医疗设备和系统将推动医疗服务的精准化和个性化发展，提高医疗服务的效率和质量。

医疗大数据和人工智能：医疗大数据和人工智能是数字健康领域的重要技术支撑。未来，医疗大数据和人工智能将推动医疗服务的智能化和精准化发展，提高医疗服务的诊断准确性和优化医疗服务的治疗效果。

4. 数字经济下的新商业模式

数字经济将推动商业模式的创新和变革。未来，随着数字技术的不断发展和应用，更加多样化、智能化的商业模式将涌现。

平台经济：平台经济是利用数字技术搭建平台，实现资源优化配置和共享利用的经济形态。未来，平台经济将推动产业生态的协同发展和创新升级，成为数字经济发展的重要支撑。

共享经济：共享经济是利用数字技术实现资源共享和利用的经济形态。未来，共享经济将推动资源的高效利用和可持续发展，成为数字经济的重要组成部分。

订阅经济：订阅经济是利用数字技术实现产品的订阅和按需付费的经济形态。未来，订阅经济将促进产品的个性化定制和按需消费，成为数字经济的重要趋势。

5. 数字技术的国际合作与交流

随着数字技术的不断发展和应用，国际合作与交流将成为推动数字技术发展的重要动力。未来，各国将加强在数字技术领域的合作与交流，共同推动数字技术的发展和应用。

加强国际合作与交流：各国将加强在数字技术领域的合作与交流，共同推动数字技术标准的制定和推广，促进数字技术的国际化发展。

推动跨国数字创新合作：各国将推动跨国数字创新合作，共同推动数字技术的研发和应用，促进数字经济的全球化发展。

加强数字安全合作：各国将加强数字安全合作，共同应对网络安全、数据保护等挑战，推动数字技术的安全和可控发展。

数字创新的未来发展趋势呈现多样化、智能化的特点。随着数字技术的不断发展和应用，更加多样化、智能化的新技术和新模式将涌现。同时，数字创新也将带来更加广阔的发展空间和更加丰富的应用场景。未来，我们需要不断推进数字技术的研发和应用，推动数字经济与实体经济深度融合，为经济社会的可持续发展注入新的动力。

参考文献

[1] SUSUILO C B, JAYANTO I, KUSUMAWATY I. Understanding Digital Technology Trends in Healthcare and Preventive Strategy[J].International Journal of Health and Medical Sciences, 2021, 4(3): 347-354.

[2] DANA L P, SALAMZADEH A, MORTAZAVI S, et al. Strategic Futures Studies and Entrepreneurial Resiliency: A Focus on Digital Technology Trends and Emerging Markets[J].Tec Empresarial, 2022, 16(1): 87-100.

[3] CHEN C, ZHANG L, LI Y, et al. When Digital Economy Meets Web3.0: Applications and Challenges[J].IEEE Open Journal of the Computer Society, 2022, 3: 233-245.

[4] GUAN C, DING D, GUO J, et al. An Ecosystem Approach to Web3.0: A Systematic Review and Research Agenda[J].Journal of Electronic Business & Digital Economics, 2023, 2(1): 139-156.

[5] 孙玮, 张祁锴. 智能体崛起: Web3.0 的平台转型 —— 兼论计算维度的媒介学 [J]. 现代出版, 2025, (01): 20-29.

[6] 刘玮, 黄靖勤, 温煜昊.Web3.0 时代"广电 +AI"创新路径的探索 [J]. 中国广播影视, 2024, (17): 78-81.